開拓社叢書 26

生成統語論入門

普遍文法の解明に向けて

阿部 潤【著】

開拓社

は　し　が　き

　本書は，ノーム・チョムスキー（Noam Chomsky）が提唱した生成文法理論の中で，*Aspects of the Theory of Syntax*（1965）で展開された「標準理論（Standard Theory）」を土台として，この理論の最大の目標である「普遍文法（Universal Grammar）」の姿とはいかなるものであるかの概説を試みたものである．したがって，本書のタイトルが『生成統語論入門』となっているものの，本書は純粋に生成文法の入門書としてではなく，その核心である普遍文法の解説書と理解して頂きたい．生成文法を一から学びたい読者には，拙著『問題を通して学ぶ生成文法』（ひつじ書房）をお薦めする．したがって，本書は，大学の学部生用のテキストとして活用されることをもくろんではいるが，生成文法の入門の手ほどきを受けた後の中級レベルでの授業において活用されることが望ましいと思われる．また，本書は，主にChomsky（1981）で提唱されたLGB理論の解説に主眼が置かれているため，生成文法の最新の枠組みであるミニマリスト・プログラムを理解するのに不可欠な理論的背景を知るにも適したテキストと言える．

　本書は，データの説明というよりは理論の説明に重点が置かれ，多くの既存の解説書のように，単に生成文法理論で使われているデータや概念を網羅的に解説するのではなく，また，時系列的に生成文法の歴史を追っているわけでもない．本書全体の構成は，ある意味で，すべての項目が互いに密接に関係しあい，全体で一つの有機的な理論体系をなしていると言える．このような手法によって，単なる生成文法の表面的な理解を越えて，その方法論や議論の仕方を読者に理解してもらうことをねらいとする．そういう意味では，本書は必ずしも「やさしい入門テキスト」というわけではなく，読者によっては多少難解な印象を抱くかも知れない．そのため，読者の理解を助けるために，要所要所に，問題を付している．これは，復習や応用問題として章や節の終わりにまとめて置かれた問題集というのではなく，論を進めるの

に，読者がポイントを理解しているかを確かめる役割を担っている．なお，【問題】の解答は，開拓社の下記 URL よりダウンロードの上，確認いただきたい．

http://www.kaitakusha.co.jp/book/book.php?c=1821

本書は，まず初めに，生成文法理論の言語に対する基本的考え方を第 1 章で解説し，この理論が目指すところの普遍文法の中身が「原理・パラメターモデル」と呼ばれる枠組みの中でどのように特徴付けられるのかを見る．そして，第 2 章以降では，普遍文法の実質的な中身を構成するものとして最初に提唱された理論のうち，三本柱とでも形容できる理論，すなわち，X′ 理論（第 2 章），Move α 理論（第 3 章，この章には格理論が含まれる），そして統率・束縛理論（第 4 章）を解説していく．チョムスキーの著作に従って言えば，X′ 理論の萌芽とも言うべき Chomsky (1970a)，Move α 理論の構築に重要な役割を果たした Chomsky (1977b)，そしてチョムスキーの著作の中でも，普遍文法の解明にとって最も中心的な役割を担い，その後の生成文法理論の発展の基盤となっている Chomsky (1981) の LGB の解説に主眼が置かれている．

本書は，平成 14 年度から平成 24 年度まで東北学院大学で担当した「統語論」の講義ノートが基になっている．本書を完成させるにあたって，受講生からの質問や講義に対する反応など，いろいろと参考にさせてもらった．このような機会がなければ，本書が完成されることはなかったと思われる．ここに感謝の意を表したい．

最後に，出版にあたっては，開拓社の川田賢氏に本書の趣旨に賛同して頂き，また合わせて貴重な助言を頂き，深く感謝申し上げる．

2016 年　立春

阿部　潤

目　次

はしがき

第 1 章　チョムスキーの生成文法理論 …………………………… 1
 1.　言語機能の基本的特性 …………………………………… 9
 2.　言語能力と言語使用 ……………………………………… 11
 3.　言語機能の生得性 ………………………………………… 14
 4.　普遍文法のすがた ………………………………………… 18

第 2 章　X′ 理論 …………………………………………………… 23
 1.　X′ 理論誕生の経緯 ……………………………………… 23
 2.　X′ 理論とは？ …………………………………………… 27
 3.　範疇選択と意味選択 ……………………………………… 34
 4.　文の内部構造 ……………………………………………… 39
 5.　名詞句の内部構造 ………………………………………… 45
 6.　語彙範疇と機能範疇 ……………………………………… 49
 7.　付加構造 …………………………………………………… 51
 8.　小節と be 動詞構文の構造 ……………………………… 58
 9.　まとめ ……………………………………………………… 65

第 3 章　Move α 理論 ……………………………………………… 67
 1.　Move α 理論とは？ ……………………………………… 67
 2.　操作詞移動 ………………………………………………… 75
  2.1.　下接の条件 …………………………………………… 78

v

2.2. 空操作詞移動 ･･････････････････････････････････････ 89
    3. 格移動 ･･ 101
        3.1. 格理論 (Case Theory) ････････････････････････････ 102
        3.2. 格移動の局所性 ････････････････････････････････ 115
    4. まとめ ･･ 123

第4章　束縛理論 (Binding Theory) ･････････････････････ 125
    1. 束縛条件 (Binding Condition) ････････････････････････ 126
    2. 統率理論 (Government Theory) ･･･････････････････････ 136
        2.1. 統率と格付与 ･･････････････････････････････････ 138
        2.2. 統率範疇 ･･････････････････････････････････････ 146
    3. 利用可能な「主語」(Accessible SUBJECT) ･･････････････ 147
    4. 束縛条件の適用レベル ････････････････････････････････ 160
    5. 束縛理論に基づく空範疇の分類 ････････････････････････ 164
        5.1. DP痕跡 ･･ 166
        5.2. 代名詞 pro ････････････････････････････････････ 168
        5.3. 変項と束縛条件 (C) ･･････････････････････････････ 169
        5.4. PROの定理 ･･･････････････････････････････････ 174
    6. 痕跡の分布 ･･ 182
    7. 主格島条件の残された問題 ･･･････････････････････････ 189
    8. 空範疇の機能に基づいた指定 ･････････････････････････ 202
        8.1. 帰結Ⅰ：強交差現象 ･････････････････････････････ 205
        8.2. 帰結Ⅱ：寄生空所構文 ･･･････････････････････････ 207
    9. まとめ ･･ 213

参考文献 ･･ 217

索　引 ･･ 219

第 1 章

チョムスキーの生成文法理論

　本書の最大の目的は，チョムスキーの生成文法理論が掲げる**普遍文法**（**Universal Grammar，以下 UG**）とはいかなるものであるのかを，統語部門の本質的な諸特徴を明らかにすることによって，解説することにある．この UG の解明には，当然のことながら，個別言語の文法の解明が，車の両輪のように，相伴うものでなければならない．初期の生成文法理論下での研究では，主に英語を題材として，基本的には英語話者が身につけていると想定される言語知識を明らかにすることによって，英語話者の文法を正しく捉えるにはどのようなモデルが必要とされるのかを解明することが喫緊の課題であった．例えば，英語話者の文法にはどのような句構造規則が必要であるのか，また，どのような変形規則がどのような順番で適用する必要があるのか等，個別の規則をつまびらかにすることに重点が置かれていた．このように，大人の話者が身につけている言語知識を明らかにするのを目標として提示される文法モデルは，「**記述的妥当性**」（**descriptive adequacy**）を目指したモデルと言われる．これに対して，さらに一段突っ込んで，「大人の話者が身につけている言語知識はいかにして獲得されたのか」という言語知識の出所を考慮に入れて，どの部分が生得的で，言語の普遍的，本質的部分を成し，どの部分が単に経験によって学んだのかを解明するのを目標として提示される文法モデルは，「**説明的妥当性**」（**explanatory adequacy**）を目指し

たモデルと言われる．本書では，この説明的妥当性を満たすべく提示された文法モデルを概観することによって，大人が身につけた言語知識のうち，生得的で普遍的な諸特徴とはいかなるものであるのかを明らかにすることを目的とする．そのためには，まず，チョムスキーが構築した生成文法理論が，その研究対象とする「言語」へのアプローチの仕方としていかなる基本的立場を取っているのか，そして，それに基づいて何をその研究目標としているのかを本章で概観する．

　チョムスキーの言語理論の基本的スタンスは，「言語の実在性」と「言語習得」の問題から最もよく読み取ることができる．この二つの問題は，基本的には別個の独立した問題と考えられうるが，実際にはこの二つの問題に相通じる一貫した言語観の存在を背後に読み取ることができる．これらの問題に対するチョムスキーのスタンスが一般に受け入れられた見方とは正反対である点において，これらの問題を取り上げることは一層価値のあることと思われる．これらの問題は相互に関連づいてはいるが，説明の便宜上，まず「言語の実在性」の問題から始める．

　もし，「言語はどこに，いかなる形で実在するか」と問われたら，どう答えるであろうか．おそらく最も一般的に受け入れられている見方は，「言語は社会的または文化的共有財産」とでも表現されるうるものであろう．その原初の時代から，長年にわたって社会や文化によって培われてきた所産として今日の言語が存在すると考えるのは，ある意味においてごく自然な見方である．そして，この考え方に立てば，個々人はある社会に参画することにより，この共有財産としての言語を知識として吸収し，それを運用する能力を身につけるとみなすことができる．この考え方は一般的によく受け入れられた立場であると思われるし，また，学者の間でも，言語学者，哲学者そして脳科学研究者等，幅広く支持されている．この見方からすると，研究対象となるのは「共有財産としての言語」であり，例えば，この言語を基に個々人が身につけた言語知識は副次的なものであり，直接の研究対象とはなりえないであろう．

　これに対して，チョムスキーは，言語の実在性について「言語の本質的な部分は個々人の頭の中に存する」と答えるであろう．この頭の中に存するも

のとしての「言語」を社会的・文化的共有財産としての「言語」と区別するために，チョムスキーは前者を**内在的言語**（**I-language**）と呼び，後者を**外在的言語**（**E-language**）と呼んで，以下のように特徴づけている．

(1) I-language refers to "an individual phenomenon, a system represented in the mind/brain of a particular individual." E-language is "some kind of social phenomenon, a shared property of a community."　　　　　　　　　　　　　　(Chomsky (1988: 36-37))
(内在的言語は個人的現象を指し，個人の精神／脳に表示されたシステムを指す．外在的言語はある種の社会現象であり，ある共同体の共有された特性である．)

内在的言語とは，言ってみれば，個々人の言語知識であり，それをある体系化されたシステム（チョムスキーの立場では，大ざっぱにこれを「文法」と呼んでいる）として捉えられたものである．この考え方に基づけば，外在的言語を研究対象とする学者とは異なり，直接の研究対象は，あくまでも個々人の頭の中に存在する言語知識であり，いわゆる「社会的・文化的共有財産としての言語」は副次的なものということになる．その際，言語知識をある体系化されたシステムとして捉えると言う点に，ある重要な意味が込められている．それは，チョムスキーが内在的言語と言う場合に指し示しているのは，語彙の意味や起源といった，いわゆる「言葉に関する意識化できる知識」というようなものではなく，「無意識のうちに身につけている言語の規則性に関する知識」とでも言えるようなものであり，通常我々が「知識」と言った場合に思い浮かべるものとは質を異にしている．前者の知識は，確かに「社会的・文化的共有財産としての言語」をその出所として想定できるようなものであるのに対して，後者の知識は，例えば，「文は NP や VP などの句からなる階層構造を成している」とか「wh 疑問文には，WH 移動規則と主語-Aux 倒置規則のような変形規則を用いて捉えられるようなデフォルメされた特徴が見られる」とか「代名詞の解釈規則には，c 統御のような構造上の階層関係に依拠した条件が働いている」など，英語の統語上の諸特徴のことを指し示している．生成文法理論は，これらの「無意識の知識」を言語

の本質と捉え，それを解明するのが最大の目標である．

　この内在的言語をターゲットとする生成文法理論の第二番目の特徴は，これらの知識を子供はどうやって獲得するに至ったのかという言語習得に対するスタンスに現れる．一般的に言って，「子供はどうやって言葉を獲得したのか」と聞かれれば，たいていの人は，「親やまわりの大人に教わることによって」と答えるのではないであろうか．このように，知識はもっぱら経験から得られるとする立場を**経験主義**（**empiricism**）と呼ぶ．上で，外在的言語をその研究対象とする立場の学者が多く存在することを述べたが，これらの学者は，言語習得の問題では，経験主義の立場を取るのが普通である．というのは，外在的言語を一義的に考え，個々人の言語知識は基本的にこの外在的言語に接することによって得られるものであると見なす立場では，その言語知識の出所を基本的に外在的言語に帰するのが一般的であるからである．

　これとは反対に，チョムスキーの生成文法理論は，チョムスキーが言う意味での言語知識の多くが生得的知識に帰せられるという点において，**合理主義**（**rationalism**）の立場を取っている．換言すれば，上で例に出した句構造規則や変形規則や代名詞の解釈規則等によって捉えられた言語の形式上に関わる諸特性の多くが，子供が接する経験から得られるとは考えがたく，それを生得的なものと見なすのが最も自然であると考える．この経験主義と合理主義の立場のどちらが正しいのかについては，今でも論争が続いているが，その論争の焦点が必ずしも事実としてどちらが正しいのかという経験的問題に集約しているわけではなく，どちらかと言うと「哲学的論争」を引き起こしている感がある．その最たる理由として，何をもって言語知識と見なすかに関して，チョムスキーの立場と経験主義者の立場で大きく異なっていることがあげられる．経験主義者は，往々にして，語彙の意味や，動詞・名詞などの屈折変化等，語彙形態に関するものなど，どちらかと言えば意識化可能なものを言語知識の中心にすえ，これらの知識は，例えば，算数の加減乗除等の知識など，他の一般的知識と同等に扱う傾向にあるのに比して，チョムスキーが言う言語知識は，上述のように，より抽象的な言語形式に関する無意識の知識を指している．チョムスキーは常々言語習得の問題は経験

的問題に帰せられるべきだと主張するが，この何をもって言語知識と見なすかに関する見解の溝が問題を複雑にし，特に言語哲学者の間で，チョムスキーが言う意味での言語知識という概念を疑問視する傾向がある．このように，言語習得の問題は言語の実在性の問題と密接に絡みあい，生成文法理論と経験主義的立場の対立を浮き彫りにしている．

　この二つの立場は，また，その対象を内在的言語とするのか外在的言語とするのかによってその方法論に違いが見られる．外在的言語をその研究対象とする場合，その研究が属する領域は，社会学，文化人類学，民族学等と同類のものと見なされるであろう．その研究手法は主に，当該の言語の発話データを収集し，そこから様々な断片にある基準に従って音声分類を施したり，語彙分類を施し，その組み合わせから生まれてくる一般的パターンを見つけ出し，最終的には，その言語を体系的に捉えたいわゆる「文法」なるものをこしらえるといったようなものである．その際，どのような基準を用いて分類するのかとかパターン化するのかといった問題は，どちらかと言えば，単なる便宜上のものとなり，当該言語が持つ様々な側面のどの部分に焦点を当てるかによっても変わりうるもので，その基準自体やそれに従って作り上げられた文法に対して，実在性とか真実性が問題となることはほとんどない．

　これに対して，内在的言語を研究対象とする生成文法理論は，心理学や生物学の領域に属するものとみなすことができ，その研究対象となるのは，人間の脳内部に備わっている言語知識の解明である．上で，内在的言語とは，「言語知識の体系化されたシステム」であることを述べたが，チョムスキーは，これを**言語機能**（**the faculty of language**）と名付け，これを通常の自然科学で用いられている手法と同様の仕方で解明しようとする．したがって，この言語機能の諸特性を解明すべく構築された理論は，例えばアインシュタインの相対性理論と同様の実在性をもち，またその理論の真実性が問われることになる．その際，理論の証拠として用いられるデータには，予め定められた基準や指針などがあるわけではなく，基本的には，理論を支持するものであればどんな類いのデータでも証拠として採用されることになる．自然科学に携わっている研究者にとってみれば，これは全く自明なことと思

われるであろうが，言語学の世界ではそうはいかない．上述のように，外在的言語を研究対象とする言語学者にとって，データとはおおむね発話データのことを意味する．外在的言語を研究対象とすれば，これはごく自然なことであろう．そして，それらのデータから言わば当該の言語の「文法的な文」を特徴づけるのがその主な仕事である．外在的言語を一義的に考えるこれらの言語学者にとって，発話データは，例えば，個々人が持っている言語知識を解明するためのデータとは，はっきりと区別される．前者が言語学プロパーに属するものであるのに対して，後者は心理学に属するものとしてである．この後者に属するデータとして，生成文法理論で通常用いられているのが，研究者が実験的にこしらえた文をネイティブ・スピーカーに容認可能かどうか**内省**（**introspection**）によって判断してもらうものである．このデータは，実験的にこしらえたものであるがゆえに，発話データには決して現れないものが含まれる．例えば，非容認性の文は発話データには現れない．こういった，現実には起こらない現象を実験によって人工的に作りだし，それをデータとして採用するというやり方は，自然科学の世界ではごく当たり前のことである．ところが，チョムスキーと立場を異にする多くの言語学者や哲学者は，こういった類いのデータをほとんど証拠として認めない傾向がある．その原因として考えられるのが，言語学プロパーのデータと心理学のデータとの色分けである．生成文法理論の立場では，この色分けが何の意味も成さないことに注意されたい．この立場では，内在的言語の諸特性を「文法」という形で捉えるのだが，それに関係するデータは何であっても証拠として採用しうる．ところが，「文法」というものを，外在的言語を発話データに基づいて特徴づけたものと見なす者にとっては，データは言語学プロパーのものでなければならず，内省によるデータなど文法構築にとっては，何の関連性もないものと見なす傾向がある．こういうふうに見てくると，生成文法理論とは，言語学と心理学の壁を取っ払い，内在的言語を純粋に自然科学的手法を用いて解明する理論であると言うことができよう．

　上で，内在的言語とは「言語知識の体系化されたシステム」であり，チョムスキーは，これを「言語機能」と名付けていることを述べたが，この言語機能が意味するところのものを，もう少し詳しく解説する必要がある．言語

機能なるものはいったいどこに存在するのか，と尋ねられれば，脳内部であると答えることに，異論を唱える者はいないであろう．それでは，脳内部のどの部分にこの機能が存在するのか，と尋ねられれば，これに対するはっきりした答えは今のところ見出されてはいない．それでは，言語機能なるものを想定する意味があるのかと疑問に思われるかも知れないが，チョムスキーは，この言語機能について，以下のように述べている．

  (2) The faculty of language can reasonably be regarded as a 'language organ' in the sense in which scientists speak of the visual system, or immune system, or circulatory system, as organs of the body.
(Chomsky (2000: 4))
（言語機能は，科学者が視覚システムや免疫システムや血液循環システムを身体の器官として話すのと同じ意味で，「言語器官」と見なされるのは適切である．）

すなわち，この言語機能というものは，脳内部のある物理的部位を指し示すものではなく，機能的な観点からある統一性を持った一システムを意味するものであり，ちょうど視覚システムとか免疫システムとか血液循環システムに対応するような実在物である．したがって，生成文法理論が，この言語機能の解明を目指すとは言っても，その物理的基盤，例えば，それが，どういった神経組織のネットワークから成り立ち，どういった化学物質が情報伝達に携わっているのか，といった問題を扱うわけではなく，言ってみれば，ある抽象化されたレベルで，その機能的諸特性を明らかにすることを目指すものである．この抽象化された言語機能の状態を，その物理的状態と区別するために，「**心理的・精神的状態**」（**psychological/mental state**）と呼ぶのが生成文法理論での習わしである．

　このように，ある実在物をその物理的状態から抽象化し，それを一つの機能的まとまりと見なして，その解明を目指すというやり方は，自然科学で取られる手法としてめずらしいことではない．チョムスキーがよく引き合いに出す例は，19世紀の化学の世界で，その当時は，原子や分子の概念を用いて様々な化合物の特性を捉えていたが，この原子や分子の物理的基盤という

ものは，まだわかっておらず，これらの概念は，言わばある機能的まとまりを表すものと仮定されていた．当時，物理的基盤を持たないこれらの概念を用いた説明に対して，懐疑的立場を表明する学者もいたが，後の化学と物理学の発展を見れば，これらの概念を使って解明されたことが，どれほどその後の発展に寄与したかは明らかである．

　ここでは，もう一つ別の例を考察してみたい．それは，現在の生物学で話題の中心を成す「遺伝子」という概念についてである．今日，研究者がこの概念に言及する場合，主にその物理的基盤に依拠した言及の仕方と，その働きに依拠した言及の仕方と，二種類存在する．前者の意味での「遺伝子」とは，例えば，以下のように定義される．

  (3)　遺伝子は分子的に見るとDNAの断片で，染色体上の一定の場所をしめ，四種の塩基，A（アデニン），T（チミン），G（グアニン），C（シトシン）を文字として一列に書かれた遺伝的命令文とみなすことができる． 　　　　　　　　　　　　（木村資生『生物進化を考える』p. 196)

これに対して，「遺伝子」の機能に基づいた定義の仕方は，主に生物進化を考察する際に用いられる．

  (4)　遺伝子は，自然淘汰の単位として役立つだけの長い世代にわたって続きうる染色体物質の一部と定義される．
　　　　　　　　　　　　　　（リチャード・ドーキンス『利己的な遺伝子』p. 54)

この定義の中で，「自然淘汰の単位」というのがまさに機能的にまとまりを成すもののことであり，例えば，メンデルの法則において，優性と劣性の対立遺伝子が掛け合わされた後，雑種第二代において優性の発現形と劣性の発現形が三対一になるという場合の，優性遺伝子と劣性遺伝子がまさにこの機能的な意味での遺伝子にあたる．この場合と同様の意味で，生成文法理論では，機能的にあるまとまりを持った言語機能を措定し，その諸特性を科学的に解明しようと試みるのである．

1. 言語機能の基本的特性

　生成文法理論が解明すべき重要な基本的問いは，以下の二つに集約される．

　　(5)　大人はどんな言語能力を実際に身につけているか．
　　(6)　子供はどうやって言語能力を身につけるに至ったか．

(5) の問いは言ってみれば個別言語の文法の解明を目指すものである．チョムスキーはこの問題を考察するにあたって，まず「言語使用の創造的側面」に着目する．これは，西洋哲学史を遡れば，少なくともデカルトの二元論において見出される言語に対する見方である．デカルトは，人間の精神が身体とは切り離された別個の独立した存在物で，身体も含め他の有機体には見られない特異な性質を持つものとしてこれを別扱いにし，「二元論」を主張する．その最たる性質は，人間の身体や他の動物などはその機能特性を機械論的に捉えることが可能なのに対して，人間の精神はその創造的な思考の働きゆえに機械論的把握を越えている点にある．そして，そのような精神の特性が具現化されたものが言語であるとデカルトは考える．ここに，「言語は思考の反映である」がゆえに，思考が持つ創造性を引き継いでいるという考え方を読み取ることができる．チョムスキーは，ここで言う「創造性」という概念を，以下の三つの特性を兼ね備えた概念であると解説する．

　　(7)　i) innovative;　ii) stimulus-free;　iii) appropriate to situations
　　　　　(i) 創造力に富んだ；ii) 刺激から自由；iii) 状況に対して適切な)

第一の特性は，母語話者がこれまで話したり聞いたりしたことのない文を無際限に生み出したり理解することが可能だというものであり，創造性の基本とも言える特性である．第二の特性は，言語の使われ方が，刺激に対する条件反射とは違って，ある一定の言語刺激に対してある定まった言語反応を呼び起こすというようなものではなく，基本的には，言語刺激の有無やその内容に依存することなく，自由に言語が使用されるというものである．そして，第三の特性は，言語使用が刺激から自由とは言っても，無秩序で恣意的

なものというのではなく，そこには与えられた状況に対するある意味での客観的適切性が伴っているということである．フンボルトは，この言語使用の創造性に着目し，その背後にあって，この創造性を支える「言語形式」の存在を主張する．以下，その主張を端的に表した箇所を引用する．

(8)「発話というものは，言語の要素を駆使して，気儘に飛び廻ろうとする思考を無際限に組み合わせてゆこうと思うのであるし，こういう組み合わせの無限性がいささかでも制限されることがないよう留意するものである．このように，あり得る思考結合をすべて表現するということの根底に横たわっているのが，文の構成である．そして単一な文の部分となり得るそれぞれのものが，恣意的にではなく，文というものの本質から汲み取られた必然性に従って，配列されたり分離されたりするとき，上述の思考の自由の飛翔が可能となるのである．」　　　　　　（『言語と精神』第27節 p. 192）

総じて言えば，今問題となっている言語使用の創造性とは，フンボルトの言う「言語形式」という規則体系に裏打ちされた創造性ということである．チョムスキーは，この考え方に従って，言語の創造的使用を保証するような「言語形式」とはいかなるものか，という問題を言語機能の解明における最大の関心事と位置づけている．とりわけ，フンボルトの"the infinite use of finite means"という言葉を引用して，言語機能という物理的にスペースの限られた器官を特徴づける文法の解明を目指すものであれば，このフンボルトの問題に解決を与える形で文法構築が成されるべきであることを力説している．この考え方に基づけば，文法が単に羅列された文の集合から成るものではないことは明らかである．というのは，このような文法では「言語の無限性」を捉えられないからである．この条件を満たすために，チョムスキーは，その当時発達していた科学の数学的定式化の手法を用いて，文法をあるいくつかの基本単位とそれに適用する規則の集合とみなし，その規則の中に回帰的（recursive）ステップを取り入れるなどして，その規則の掛け合わせによって，無限の文生成が可能になるようなモデルを構築している．こうすることによって，有限の基本単位と規則の集合からいわゆる人間言語に特有

とされる**不連続な無限性**(**discrete infinity**) が導き出される．

2. 言語能力と言語使用

　今ここで「文法」と呼んでいるもの（フンボルトの用語では「言語形式」に相当する）は，言ってみれば，言語使用の背後にあってそれを規制するスタティックな一言語部門であり，この文法自体が実際の言語使用を直接説明するようなものではないことに留意してほしい．そこで，チョムスキーは，生成文法の基本的問題として，(5) と (6) の二つに加えて次の第三番目の問いを発している．

　　(9)　獲得された文法は実際の言語活動の中でどのように用いられているか．

この問いから察せられるように，チョムスキーは「文法」を実際の言語使用からは独立した抽象的な構築物と考え，言語使用を扱う部門を切り放して考えている．これがいわゆる**コンペタンス**（**competence**）と**パフォーマンス**（**performance**）の区別である．コンペタンスが文法に相当し，パフォーマンスは言語使用を扱う部門であり，(9) の問いはこの後者の部門の解明のために発せられたものである．（上で言語機能（the faculty of language）という用語を用いてきたが，この用語はしばしば二義的に使われ，コンペタンスとパフォーマンスの両方をひっくるめて用いられたり，コンペタンスのみを指すものとして用いられたりする．）チョムスキーは (9) を「デカルトの問題」と呼んでいる．というのは，この問題は，(7) に掲げられた言語使用の創造的側面の解明にあたるものだからである．このパフォーマンスの問題の解明には，精神活動全般に関わる様々な要因が関わっていると考えられ，まだまだ未解明の部分が多い．発話された文を聞き手が実際にリアルタイムでどのように解析するのかといったいわゆる文処理に関する研究は，盛んに行われているが，文を作り出す側については，どのようなメカニズムが関わっているかについては，研究が進んでいるとは言い難い．さらに，これらの問題に加えて，発話者の意志や意図，そして信念が，言語使用とどう関わって

くるのかといった問題となると，ほとんど科学的研究の範囲を超えているようにも思われる．

　学者によっては，パフォーマンスの問題を棚上げにして，コンペタンスの問題に専心する生成文法理論家の態度を疑問視する向きもある．人間の脳内部に備わっていると仮定された言語システムを科学的に解明するものであれば，当然パフォーマンスの問題は切っても切りはなせないものであると言うのである．この主張の背後には，文法なるものは，主にパフォーマンスを通じて獲得されるという経験主義的または行動主義的考え方が潜み，また，「言語の本質は，言語使用に存する」というウィトゲンシュタイン的な考え方に通じる．これに対して，チョムスキーが取る立場は，「**モジュラー (modular) 的アプローチ**」と呼べるものである．すなわち，人間の言語活動全般は，それ自体として捉えれば様々な要素が関わった複雑な現象と見なしうるが，それをいくつかの自然で妥当と思われる独立した部門（すなわち，モジュール (module)）の相互作用から説明しようとするものである．チョムスキーの立場においては，そもそも言語機能を措定すること自体，この考え方に沿うものであり，さらに，このモジュールをコンペタンスとパフォーマンスに下位分類するのも，この考え方に沿ったものである．

　こういったアプローチでは，当然のことながら，どういったモジュールを設定するのが妥当なのか，別の言い方をすれば，あるモジュールを設定した場合，それを設定する理論的もしくは経験的根拠があるのかどうかが問題となる．コンペタンスとパフォーマンスの区別について言えば，それを経験的に動機づけるものとして，"garden-path" 文がよく引き合いに出される．例えば，以下の例文において，

(10) a.　The ball thrown past the barn fell.
　　 b.　The horse raced past the barn fell.

(10a) の文を聞けば瞬時にその文を理解できる母語話者でも，(10b) の文を聞かされると，その文を正しく理解できなくなるという報告がなされている．これは，(10a) では，thrown の紛れもない過去分詞の形から，thrown past the barn が the ball を修飾し，最後の動詞 fell が文全体の述語である

ことが即座に理解できるのに対して，(10b) では，raced が規則動詞であるがゆえに過去形と過去分詞形が同一であることから，聴者は the horse raced past the barn で文が完結したと錯覚し，結果，最後に出てきた動詞 fell を処理できなくなることによる．しかしながら，そういった錯覚にとらわれた聴者でも，raced が過去分詞であることに気づくやいなや，(10b) の文を (10a) と同様に理解できるようになる．このように，語彙上もしくは構造上の曖昧性により，誤った文解析に導かれるような文のことを **"garden-path"** 文と呼ぶ．同様に文解析に困難を生じる例として，(11) のような**入れ子文**（**nested sentence**）を挙げることができる．

(11) a. I called the man who wrote the book that you told me about up.
b. The man who the boy who the students recognized pointed out is a friend of mine.

(Chomsky (1965: 11))

(11a) では，the man who wrote the book that you told me about という長い NP が，call up の目的語としてその間に埋め込まれている．また，(11b) では，主述の関係にある the boy と pointed out の間に the boy を修飾する who the students recognized が埋め込まれている．このように解説されれば，これらの文が文法に適った理解可能な文であることがわかるが，これらの文を通常の会話のスピードで聞かされると，ほとんど理解不能に陥る．とりわけ，(11b) は (11a) よりもはるかに理解困難である．これは，入れ子になっている who the students recognized の句が，それと同タイプの句である who the boy who the students recognized pointed out の中に入れ子状となっているためである（このタイプの文は，入れ子文の中でも，**自己埋め込み文**（**self-embedded sentence**）と呼ばれる）．これらの事実は，言語使用のレベルでは理解困難に陥る文であっても，よくよく考察すれば，文法的な文であることが判明するようなものが存在することを示している．これは，まさに，コンペタンスとパフォーマンスの区別を動機づける事象と見なすことができる．というのは，これらの文は，コンペタンスの部門で

は，すべて他の文法的な文と同様，文法的なスティタスを持つが，パフォーマンス部門においては，この部門独自の文解析に関わる規則のせいで，(10b) や (11) の文が理解不可能になっているという説明が可能だからである．

3. 言語機能の生得性

次に，生成文法理論の第二番目の基本問題である (6) の言語習得の問題に話を進める．チョムスキーはこれを「プラトンの問題」と名付けている．プラトンはいくつかの著作の中で「人は他から教えられもしないことをどうして知っているのか」という問題提起を行い，これを「霊魂不滅説」に基づき，新しい肉体を得た魂が人間として誕生した場合それが教えられもしないことを知っているのは，その魂が誕生以前に獲得した知識を誕生以後想起することができるからだと考えた．同様な問いをチョムスキーは言語習得に対して発している．すなわち，「子供は他から教えられもせずにどうやって言語能力を獲得することができるのか」と．もちろん，プラトンの問いにせよ，チョムスキーの問いにせよ，そもそも人間が教えられもしない知識なり言語能力を身につけているのか疑問を投げかけるのは正当なことである．プラトンは『メノン』の中で，以前に数学の手ほどきを全く受けたことのない召使いが，例えばある正方形が与えられたときその二倍の面積を持つ正方形をどうやって作り出せるかという問いに，ソクラテスの助けを借りながらも答えを与えることが可能であったという逸話を使って，人が他から教えられずに身につけている知識が存在することの証明を行った．人間の言語知識に関しても，子供が教えられもせずに知らず知らずに身につけたと考えられる事例が，チョムスキーを始め，多数の生成文法家によって報告されている．以下にいくつか例を挙げる．

『ことばの不思議』というフィルムの中で次のような実験がなされている．まず，英語を母語とする子供に（4歳から6歳ぐらいと推定される）次の物語を話して聞かせる．「ある時少年が木に登って遊んでいたら，誤って木から落ちてころんでしまいました．その晩，父親とお風呂に入っているときに

父親が少年に言いました.『その腕の傷どうしたんだい.』すると少年は答えました.『木から落ちたときにけがをしたんだ』と.」この後で,子供たちは次の二つの質問に答えるように言われる.

(12) When did the boy say he hurt himself?
(いつ男の子はけがをしたと言いましたか)
(13) When did the boy say how he hurt himself?
(いつ男の子はどうやってけがをしたのか言いましたか)

(12) と (13) の文を比べた場合,違いは,少なくとも表面上は,(13) で say の後ろに how が付け足されただけである.ところがこれらの文に対する答えの可能性が (12) と (13) では異なっている.(12) に対しては子供たちは次のいずれかの答えを与える.

(14) お風呂に入っているとき.
(15) 木から落ちたとき.

ところが (13) に対しては子供たちは (14) の答えしか与えない.大人に同じ質問をしても同じ答えが返ってくる.このような言語知識は,子供が周りの大人から教わったとは考えにくく,知らず知らずのうちに身につけたものと考えるのが最も妥当である.

日本語の例を挙げると,次のような言語事実が「教えられもせずに身につけた言語知識」の例と考えられる.日本語の数詞は,以下の例文が示すように,それが修飾する名詞句の助詞のすぐ後に置くことができる.

(16) 学生が煙草を**3本**吸った.
(17) 学生が**3人**煙草を吸った.

次の例が日本文として容認不可能であるという事実は,数詞が修飾する名詞句と隣り合わせでなければならないことを示しているように思われる.

(18) *学生が煙草を**3人**吸った.

しかし,日本語の母語話者であれば,(18) は不適格な文と感じられるが,

次の文では数詞とそれが修飾する名詞句が離れているにもかかわらず，適格な文と判断される．

(19)　煙草を学生が**3本**吸った．

このような言語知識は，子供が大人から教わって獲得したとは到底考えられず，知らず知らずのうちに身につけたものと考えるのが妥当である．

　その他，生得的な言語知識が関わっている例としてチョムスキーの著作からいくつか引用したものを，以下列挙する．

(I)
- (20) a.　John ate an apple.
- 　　　b.　John ate.
- (21) a.　John is too stubborn to talk to Bill.
- 　　　b.　John is too stubborn to talk to.

(Chomsky (1986a: 8))

(20a, b) において，eat の目的語を省略すると eat が一般的に物を食べるという意味になることがわかるが，(21a, b) において，Bill を省略した場合，talk to が一般的に人に話しかけるという意味にはならず，その目的語が John と解釈されるという事実．

(II)
- (22) a.　John is eager to please.（ジョンは喜ばせることに熱心である）
- 　　　b.　John is easy to please.（ジョンは喜ばせやすい）

(Chomsky (1964: 34))

(22a) では，please の主語は John で，目的語は一般的な人を指しているのに対して，(22b) では，please の目的語が John を指し示し，主語が一般的な人を指しているという事実．

(III)
(23) a. The men expected to see them.
　　 b. I wonder who [the men expected to see them].

(Chomsky (1986a: 8))

(23a) では，them が the men を指し示すことができないのに対して，(23b) のように，この文を I wonder who の中に埋め込むと，them は the men を指し示すことができるようになるという事実．

　今見てきたように，我々の言語知識はすべて経験的に教わったものとは到底考えられない．ではいったい子供はどうやって言語知識を身につけるのであろうか．この「プラトンの問題」に対して，チョムスキーは，上でも触れたように，生得説の立場を取る．すなわち，子供には，生まれたときにすでに遺伝的に組み込まれた言語能力の「設計図」が備わっており，大人の言語能力の多くの諸特性やそこに至るまでの発達経路がそれによってあらかじめ定められていると考える．この立場に立てば，上で見たような言語知識が知らず知らずの間に子供によって獲得されたという事実を自然な形で説明する可能性が大である．また，他にもこの生得説の立場を支持するいろいろな事実をあげることができる．例えば，どんな子供でも，病理的な問題を抱えていない限り，育った環境で話されている言葉を，単にその言葉にさらされるだけで習得することができる．それも，ある言語共同体の中で子供たちは雑多な言語環境にさらされているにもかかわらず，ほぼ一様な文法能力を，驚くべき短期間のうちに習得する．こういった事実はよく**「刺激の貧困」**(**poverty of stimulus**) という言葉で言い表される．すなわち，言語刺激が貧弱であるにもかかわらず，子供たちは一様の文法能力を獲得できるという事実である．言語習得は，したがって，自転車に乗れるようになるとか，学校で教わった九九なり算数ができるようになるということとは全く違った性質の習得であり，どちらかと言えば，鳥が飛べるようになるとか子供が立って歩けるようになるといったものと同列に扱われるべきものである．この意味で，チョムスキーは，言語は習得されるというよりは成長すると考えるほうがより事実にかなっていると主張している．

(24) Language acquisition seems much like the growth of organs generally; it is something that happens to a child, not that the child does. (Chomsky (2000: 7))
（言語獲得は，一般的に言って，生物器官の成長のようなものである．それは，子供が行うものではなく，単に子供に起こるものである．）

　この議論において一つ注意が必要なのは，上でも触れるところがあったように，今問題にしている言語能力の獲得とは言い換えれば広い意味での「文法能力」の獲得のことであり，語彙の音と意味の関係の習得に関することとは別である．「犬」を英語で dog というのは，ソシュールが言うように，恣意的な関係であり，そういった語彙習得に関しては，上述の文法習得とは異なり，純粋に教わることが必要となる．

4. 普遍文法のすがた

　それでは，いったいこの生まれた時にすでに赤ん坊に備わっていると仮定される文法能力とはいかなるものであろうか．赤ん坊がどこで生まれるにせよ，その育った環境で話されている言葉が何であれ，自然言語である限り，その言葉を獲得できるという事実は，赤ん坊が持って生まれた文法能力はどの言語にも対応できるほどに一般的で普遍的な骨格を成すものであると考えられる．ゆえに，これを**普遍文法**（**Universal Grammar**, **UG**）と呼んでいる．他方，赤ん坊がある言語を習得するためには，その言語にさらされる必要がある．英語が話されている環境で赤ん坊が日本語の文法を獲得することはありえないし，不幸にも耳が聞こえない赤ん坊や狼に育てられた赤ん坊は本来獲得されるべき言語を習得できないという事実は，言語経験が言語習得には必要不可欠であることを示している．以上をまとめると，言語習得は以下のように図示できる．

(25)　UG → 経験 → 大人の文法

この図式からも明らかなように，生成文法理論の最大の目標は，いかにして

UG から子供が接する言語経験が与えられることによって大人の文法に至りつくことができるのかを明らかにすることである．したがって，その目標とするものは，単に大人の文法を正確に記述できればよしとする「**記述的妥当性**」(**descriptive adequacy**) にあるのではなく，UG から大人の文法への写像を明らかにするという「**説明的妥当性**」(**explanatory adequacy**) にある．そのためには，おおもとの UG の解明が不可欠である．上でもちょっと触れたが，この UG を解明する上で，UG が最低限満たすべき条件が二つある．

(26) あらゆる言語の文法を導き出せるほどに，網羅的であること．
(27) ある言語の経験を与えられればその言語の文法を導き出せるほどに，特定的であること．

この二つの条件は半ば相反することを UG に要求する．(26) の条件によれば，UG は，あらゆる言語に対処できるほどに広範囲な適応性を持った文法を備えておく必要がある．他方，(27) の条件により，ある一定の経験が与えられれば，正しい大人の文法に至りつける程に，UG で許される可能な文法が十分に制限されている必要がある．

チョムスキーが 1950 年代に生成文法理論を提唱した際に考案した UG のモデルは概略次のようなものであった．すなわち，UG の中にはあらかじめ定められた「可能な文法」の集合があり，この中から子供が接した言語を正しく記述できるものが選ばれ，それが複数ある場合には「評価の手順」により最も経済的な文法がその言語の文法として選ばれるというものであった．このモデルを与えられた場合すぐに問題となるのは次の二点である．

(28) 「可能な文法」とはいかなるものか．
(29) 「評価の手順」とはいかなるものか．

チョムスキーがこの UG のモデルを提唱して以来，60 年代と 70 年代の生成文法の歩みは，もっぱら (28) の問いを解明することにあったと言える．それは (26) と (27) に挙げられた UG が満たすべき条件に沿った形で進んできた．この UG に基づいた習得モデルを最もらしいものにするために，

まずチョムスキーが考えたことは,「可能な文法」の集合が (27) の条件に従ってできるだけ特定され制限されたものである必要があるということであった．他方，それは (26) の網羅性の条件をできるだけ保証する形で成される必要がある．その結果取られた手法というのは，「可能な文法」のモデルとなる構造なりそこに適用する規則なり制約なりから，一般的普遍的特性をどんどん抽出することであった．そうすることによって，(26) の条件をにらみながら UG の内容を豊富にしつつ，「可能な文法」の種類を絞り込むことができる．この目標に向かって 60 年代，70 年代の生成文法研究はチョムスキーを中心に盛んに行われ，その結果，チョムスキーは 70 年代後半になって「可能な文法はたった一つである」という画期的で大胆な提案をするに至った．これによって，(29) にあげられた「評価の手順」の問題は自動的に解消された．これがいわゆる**「原理・パラメターモデル」**（**principles and parameters model**）と言われるものである．このモデルでは，UG はまずあらゆる言語に共通する普遍的な原理の集合から成っている．60 年代，70 年代の研究成果は，この原理の集合の解明に集約されたと言っても過言ではない．そして，(26) の条件に答えるべく，言語間の差異を網羅的に捉えるために，各々の原理の決定因子の中に未指定のままになっているパラメターを設定し，各々のパラメターは，ごくありふれた言語経験によってその値が決定されることを想定している．この普遍的原理とそれに付随するパラメターを設定することによって，生まれたばかりの赤ん坊がどの言語を獲得する可能性も備えていることを捉え，また，「ごくありふれた言語経験によってパラメターの値が決定される」と想定することによって，「刺激の貧困」の問題に答えようとするものである．

原理・パラメターモデルの大枠をより鮮明に把握するために，いくつか具体例を挙げると，例えば，統語構造は，従来であれば句構造規則によって，動詞・名詞・形容詞・前置詞句がばらばらに導入され，また，言語間でも別々の句構造規則を立てることによって個々の統語構造を正しく記述することで満足していたが，UG の「可能な句構造規則」を絞り込むという目的に適うものではなかった．それに対して「原理・パラメターモデル」では，X′ 理論（通常「X バー理論」と読む）と呼ばれる統語構造の骨格を規定する普

遍的な構造原理と，それに付随する「主要部-補部パラメター」によって捉えられる．具体的には，すべての句構造は次に掲げる二つの句構造規則によって生成される．

(30) a. XP → YP X′
b. X′ → X ZP

この句構造規則が表していることは，ある範疇 X の句構造はその X を主要部とする二階建ての構造から成り，主要部 X がまず補部（complement）と呼ばれる ZP と結合して X′ を構成し，それに指定部（specifier）と呼ばれる YP が結合することで XP ができあがっている．X′ 理論が主張するのは，すべての句が，(30) に示された句構造の鋳型に従うというものである．さらに，主要部 X と補部 ZP の線形順序に関してはパラメターが設定され，「主要部先行」の値を取れば，英語のような SVO の語順を持つ言語になり，「主要部後行」の値を取れば，日本語のような SOV の語順を持つ言語になる．X′ 理論については，第 2 章で詳しく取り扱う．また，変形規則を例に取れば，従来であれば，受動変形規則，主語繰り上げ規則，WH 移動規則，関係節形成規則等々いわゆる構文ごとに規則が立てられ，また言語が違えばそれぞれの構文の規則も変わるといった具合で，「可能な変形規則」を絞り込むという目的にとっては満足のいくものではなかった．それが，「原理・パラメターモデル」では，Move α というたった一つの規則とそれに適用される様々な普遍的制約とに集約された．これについては，第 3 章で詳しく述べる．

　この「原理・パラメターモデル」に従えば，子供が大人の文法を獲得するために成すべきことは，単にパラメターの値を決定するだけである．この点で，「原理・パラメターモデル」は，チョムスキーが最初に提案した UG モデルよりもはるかに (27) の条件を実現可能なものにしている．さらに，過去 20 年間の研究成果により，UG は (26) の条件を満たしうる普遍的原理・原則そしてそれに付随するパラメターをかなりの程度備えるに至り，「プラトンの問題」に具体的に取り組むことが可能となってきている．理想的には，一つのパラメターの値が変わることによって，UG のシステム全体

へ効果が波及し，様々の異なった特性が導き出せるような理論が望まれる．チョムスキーは以下のように述べている．

(31) small changes in [parameter] switch settings can lead to great apparent variety in output, as the effects proliferate through the systems. These are the general properties of language that any genuine theory must capture somehow. (Chomsky (2000: 8))
(パラメターのスイッチのいれ方に少しの変化があれば，効果がシステム全体に波及し，出力においては，見た目に大きな変化を導き出しうる．これが，純粋な理論が何とかして捉えなければならない言語の一般的特性である．)

この「原理・パラメターモデル」から本当にすべての自然言語の少なくとも中核的な文法を UG から正しく導き出せるかなど，このモデルの妥当性に関しては，なおさらなる研究が必要であるが，チョムスキーがこのモデルを提唱したことによって得られた研究成果は多大なもので，言語理論そのものにとどまらず，言語習得や言語処理研究など，その周辺の分野にも多大な影響を与えている．

第 2 章

X′ 理論

1. X′ 理論誕生の経緯

　この章では，普遍的原理の一例として上で簡単に触れた X′ 理論を詳しく見ていきたい．まず，この理論の中身の話をする前に，この理論が生まれた経緯を簡単に述べておく．この理論を生み出す契機となった問題意識は，「例えば，動詞句 (verb phrase, 略して VP)，名詞句 (noun phrase, 略して NP)，形容詞句 (adjective phrase, 略して AP) といった異なった句の間に，その内部構造について何か共通する一般的特性が存在するであろうか」といったようなものである．そのような特性が存在することを示唆するようなデータとして，以下のようなものが考えられる．

(1) a. The enemy destroyed the city.
　　b. The enemy's destruction of the city
(2) a. John believes in a supreme being.
　　b. John's belief in a supreme being
(3) a. John is eager to please.
　　b. John's eagerness to please

それぞれの組の (a) は独立した文であり，(b) はそれに対応する NP であ

る．細かい点において違いは見られるものの，それぞれの組の二つの間には，構造上の類似性を見て取ることができる．例えば，(1) において，動詞 destroyed とその派生名詞 (derived nominal) である destruction の形と，主語の働きをしている the enemy の形，および (1b) においては，destruction と the city の間に of が存在する点において両者で異なってはいるが，全体の意味関係に着目した場合，動詞 destroyed とその派生名詞 destruction の主語の働きをしている the enemy がその左側に現れ，目的語の働きをしている the city がその右側に現れている．こういった主語や目的語といった意味役割は，意味解釈規則によって句構造から読み取られるとすれば，主語と目的語の現れ方が (1a) と (1b) で類似しているという事実は，この二つに与えられる句構造に類似性が見られることを示唆する．同様の観察が，(2) と (3) にもあてはまる．

　生成文法のごく初期の理論では，(1) から (3) の (b) の NP は，それに対応する (a) の文の深層構造から，**名詞化変形規則** (**Nominalization Transformation**) と呼ばれる変形規則によって導き出されていた．ここで，この変形規則が具体的にどう定式化されていたかについては割愛するが，(a) の文がそれに対応する (b) の NP と変形規則によって関係づけられた理由は，まさに，能動文とそれに対応する受動文が受動変形規則によって関係づけられたのと同様である．すなわち，どちらの場合も，主語・述語・目的語等の意味関係においては同一であり，深層構造は，まさにこの同一性を捉えるべく措定されたもので，表面上の違いは，変形規則の適用の有無に帰せられるという生成文法の精神に基づいている．しかしながら，(1) から (3) の (b) の NP を名詞化変形規則によって派生するという従来の考え方は，Chomsky (1970a) によって反駁されることとなる．その議論はおおむね以下のようなものである．まず，(4) の文と (5) の文を比較すると，

(4) a. John is eager to please.
　　b. John is certain that Bill will win the prize.
(5) a. John is easy to please.
　　b. John is certain to win the prize.

(4) の文では，変形規則が適用されることなく，深層構造がそのまま表層構造に対応しているが（このような文を中核文（kernel sentence）と呼ぶ），(5) では，変形規則が適用している．すなわち，(5) のそれぞれの文の深層構造は，概略以下のようなものである．

(6) a.　△ is easy [PRO to please John]
　　b.　△ is certain [John to win the prize]

(6a) の深層構造では，John が please の目的語の働きをしていることを，そして，(6b) の深層構造では，John が win the prize の主語の働きをしていることを，正しく捉えている．この深層構造から，繰り上げ規則（Raising）を適用し，John を △ の位置に移動することよって，それぞれの文の表層構造が得られる．

　(4) と (5) の派生過程に，動名詞句を導き出す名詞化変形規則を付け加えると，以下の動名詞化形が得られる．

(7) a.　John's being eager to please
　　b.　John's being certain that Bill will win the prize
(8) a.　John's being easy to please
　　b.　John's being certain to win the prize

(Chomsky (1970a: 188-189))

ところが，(1) から (3) の (b) のような派生名詞句を導き出す場合には，事情が異なってくる．というのは，以下の例が示す通り，(4) の文に対応する派生名詞句は存在するが，(5) に対応する派生名詞句は，存在しないからである．

(9) a.　John's eagerness to please
　　b.　John's certainty that Bill will win the prize
(10) a.　*John's easiness to please
　　b.　*John's certainty to win the prize

(Chomsky (1970a: 189))

もし，派生名詞句を導き出す名詞化変形規則が，動名詞句を導き出す名詞化変形規則と同種の変形規則であるならば，(9) と (10) の両方の派生名詞句を分け隔てなく導き出せるはずである．ところが，実際には，中核文に対応する派生名詞化形は存在するが，変形規則が適用して得られた (5) のような派生文に対応する派生名詞化形が存在しない．これは，いったいなぜであろうか．この事実から，チョムスキーが導きだした結論は，派生名詞句は，動名詞句とは異なり，名詞化変形規則によって派生されるものではないということであった．この考え方に従えば，例えば，(9) の派生名詞句は，深層構造において，そのまま NP として生成されることになり，(4) の中核文同様，何ら変形規則は適用しないこととなる．さらに，(9) と (10) の派生名詞句の容認性の違いは以下の仮定に基づいて自然な説明を与えることができる．

(11) 繰り上げ規則は，NP 内では適用できない．

なぜこういった条件が働いているのかについては疑問の余地があるが（例えば，受動変形規則は NP 内で適用できる），この条件を仮定することによって，(9) と (10) の容認性の違いを捉えることができるのみならず，(7) (8) の組対 (9) (10) の組でなぜ容認性の違いがあるのかについても，自然な説明を与えることができる．

【問題 1】 以下の例文と，(13) の条件を用いて，派生名詞句が名詞化変形規則の適用によって派生されるのではなく，そのまま深層構造で生成される考え方が支持されることを説明せよ．

(12) a. He criticized the book before he read it.
   b. his criticizing the book before he read it
   c. *his criticism of the book before he read it

(Chomsky (1970a: 193))

(13) 副詞節は，深層構造において NP 内を修飾できない．

2. X′ 理論とは？

　この議論によって，話は振出しに戻る．すなわち，派生名詞句を深層構造において NP として生成するのであれば，(1) から (3) に掲げた (a) の文とそれに対応する (b) の名詞化形の関係をどうやって捉えることができるのか．読者の中には，そもそもそういった関係を文法で捉える必要があるのかという疑問を抱いている人がいるかも知れない．この疑問に答えるために，今問題となっている問いを，「(1) から (3) に掲げた (a) の文と対応する (b) の名詞化形の間には，何か類似点が存在するように思われるが，それはなぜであろうか」といったものに置き換えてみる．これまでの議論で明らかになったことは，この類似点を捉えるのに，(a) と (b) で共通の深層構造を仮定して，(b) を名詞化変形規則で派生するやり方は，正しくないということである．それでは，この類似点と思われるのは，単なる偶然であり，見せかけだけの話であろうか．

　Chomsky (1970a) で追及されたのは，この類似点を深層構造における範疇間の内部構造の共通性から導き出そうというものであった．そこで，まずチョムスキーが注目したのは，それぞれの句には，その句全体の範疇を決定する中心的役割を担った要素が内部に存在するということである．例えば，NP には N，VP には V，そして AP には A が存在するといった具合に．これを，句構造規則の形で表せば，以下のようになる．

(14)　a.　NP → ... N ...
　　　b.　VP → ... V ...
　　　c.　AP → ... A ...

多少比喩的な言い方をすれば，N が存在しない NP はあり得ず，N が存在してこそ全体の句の範疇が NP に成り得ると言うことができる．AP, VP においても同様である．このような理由から，N, V, A を NP, VP, AP それぞれの**主要部**（head）と呼ぶ．また，今述べた比喩を生かした捉え方として，それぞれの句はその主要部によって投射（project）されたものという言い方をする．

次に，それぞれの句には，主要部以外何が盛り込まれているかであるが，(1) から (3) の例から観察できることは，主要部の右側にはその目的語を始め，主要部の語彙的特性として統語的または意味的に指定された句が続いていることがわかる．すなわち，(1) の destroy と destruction では，その後に「破壊される対象物」としてその目的語が現れ，(2) の believe と belief では，その語彙的特性として in を含む 前置詞句（prepositional phrase，略して PP）を従え，「信じる対象物」を表し，(3) の eager と eagerness では，その語彙的特性として to 不定詞節を従え，「切望する内容」を表している．このように，主要部の語彙的特性として広義に解釈された「目的語」が生起する位置を，**補部**（**complement**）と呼ぶ．これを，句構造規則の形で概略的に表せば，以下のようになる．

(15) a. NP → N Comp
　　 b. VP → V Comp
　　 c. AP → A Comp

ここで，Comp は Complement の略であり，主要部の語彙的特性によって様々な範疇の句が現れることになる．次に，(1) から (3) の例の主要部の左側に生起しているものに目を転じると，主要部に対して「主語」の働きを担う句が生起している（(3a) の be 動詞の存在は当面の間無視する）．このような句が現れる位置を，**指定部**（**specifier**）と呼ぶ（Chomsky (1970a) では，指定部の位置には主語ではなく他の要素が生起すると仮定されていたが，後にこの考え方が定着した）．

そうすると，ある句は指定部 − 主要部 − 補部の連鎖から成り立っていることになるが，この三つの部分はどのような構造をなしているのであろうか．文（Sentence，略して S）は，通常，大きく主語の部分に相当する句と述語の部分に相当する句から成り立っていると仮定される．この仮定を指定部−主要部−補部の連鎖に当てはめて考えれば，この三つの部分は指定部対主要部−補部の二つの部分に大きく分かれると考えるのが自然であろう．さらに，この主要部と補部から成る句がいかなる範疇を持っているかであるが，上で述べた主要部の働き，すなわちそれぞれの句というものは主要部から投射さ

れたものであるという特性を考えれば，この主要部と補部から成る句も主要部から投射されたものと考えるのが自然である．例えば，(1a) の the enemy-destroy-the city 全体は VP であり（従来の分析では，destroy-the city の連鎖が VP であり，述語に相当すると仮定されたが，ここでは，VP は助動詞 (auxiliary，略して Aux) を含まない文に相当することになるので，注意されたい），さらに，主要部-補部からなる destroy-the city も V 的範疇を持っていると考えるのが自然である．NP と AP に関しても同様である．したがって，これを句構造規則の形で概略的に表せば，以下のように表すことができる．

(16) a.　NP → Spec N′　　N′ → N Comp
　　 b.　VP → Spec V′　　V′ → V Comp
　　 c.　AP → Spec A′　　A′ → A Comp

ここで，Spec は Specifier の略であり，N′, V′, A′ は主要部から投射された主要部 − 補部の範疇を表すものである．この句構造に従えば，例えば，(1a, b) は，概略以下のような構造を持つことになる（(17a) では，(1a) の Aux に相当するものが除外され，(17b) では，(1b) の所有格を表す 's と destruction の後の of が除外されている）．

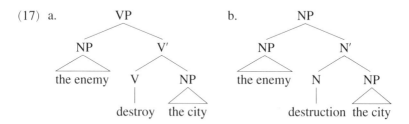

このように，VP と NP の間の内部構造の同一性を仮定することによって，(1a) の文とそれに対応する名詞化形の (1b) の間に見られる類似性を捉えることが可能となる．同様のことが，(2) と (3) にもあてはまる．

【問題 2】 (17a, b) の句構造にならって，(2a, b) と (3a, b) の句構造を樹形図を用いて表せ．

　これまでのところは，NP，VP，AP に関してこれらの範疇間に見られる内部構造の共通性を考察してきたが，この共通性がすべての範疇にあてはまるとするのが，X′ 理論の基本的な立場である．したがって，この理論では，ある範疇 XP の内部構造は，以下の句構造規則で表される鋳型（schema）にのっとっていなければならない．

(18) a.　XP → (YP) X′
　　 b.　X′ → X (...)

この句構造規則が表していることは，基本的には，(16) で表されたものを一般化したものに過ぎない．すなわち，以下の二点に集約される．

(19) a.　句は語から投射されたものである．したがって，ある句 XP にはその主要部である X が存在する．
　　 b.　句は二段階に投射される．まず，X はその補部 ... と X′ を成し，さらに，X′ とその指定部 YP が結び付いて XP を成す．

(19b) の「句は二段階に投射される」という特性を明示するために，XP を X″ と表すことがあるが，ここでは，XP の表記を用いる．また，この特性に関しては，X′ 理論が提案された当初，「句は何段階まで投射されるべきか」という議論が巻き起こり，様々な提案が成されたが，ここではこの問題に立ち入ることはせず，単に二段階が正しいものとして話を進める．(18) の句構造規則では，指定部と補部にかっこを付しているが，それは，これらの出現が随意的であることを示している．指定部のない句の典型的なものは PP であり，例えば，in the city は概略以下のような構造を持つ．

(20)

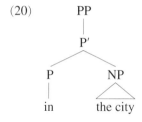

また，補部のない句の典型的なものは，自動詞を主要部とする VP である．例えば，John came の VP の構造は概略以下のようになる．

(21)

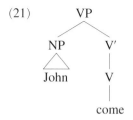

また，(18b) において補部が ... で表されているが，これは補部が複数個生起できることを表している．したがって，例えば，John gave Mary a book という文の VP は，概略以下のような構造を持つ．

(22)

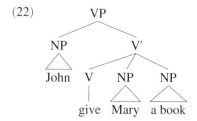

(18) で表された X′ の鋳型は，前章の最終段落でも述べた通り，ある当該言語のすべての句にあてはまるのみならず，すべての言語に通じる普遍的原理として提案されたものである．しかしながら，厳密に言えば，普遍的原理として提案されている部分は，句の階層関係に関してであり，その内部に生起する要素間の線形順序については，「主要部 − 補部パラメター」と呼ばれる主要部と補部の線形順序に関するパラメターが設定されている．「主要

部先行」の値を取れば，英語のような SVO の語順を持つ言語になり，「主要部後行」の値を取れば，日本語のような SOV の語順を持つ言語になる．これは，上の説明に基づいて言い直せば，日本語の場合は，VP 内の V とその補部の順序が，補部-V となるということを意味する．英語や日本語を考察する限りにおいては，このパラメーターの設定の仕方は，すべての句にわたって一律に同一の値を取っている．すなわち，英語では，V, N, A, P すべての範疇についてその補部が主要部の後に現れるのに対して，日本語ではこれらの範疇すべてについて補部が主要部の前に現れる（例えば，英語では P は前置詞であるが，日本語では後置詞）．このように，主要部-補部パラメーターの値の決定の仕方が，ある当該言語のすべての範疇にわたって一律に決定されるとする考え方は，概念的にはシンプルで自然であり，有力視されてはいるが，経験的に妥当なものであるかについては，議論の余地がある（例えば，中国語では，文は英語同様 SVO の語順を持つが，名詞句は日本語のように主要部が後に生起すると言われている）．

　(18) で表された X′ の鋳型は，句構造規則の形で表されてはいるが，あくまでもすべての句が従うべき鋳型を表しており，それ自体では，個々の文や句の構造を具体的にどう構築するかまでは指示を与えるものではない．したがって，X′ 理論の基本的な理解の仕方としては，「好きなように句構造を構築せよ．ただし，でき上がった句構造はすべて (18) の鋳型にあてはまらなければならない」ということである．それでは，ある文や句に正しい句構造を付与するのに，他にどんな指針が必要であろうか．この問題を考察するのに，VP 内の句構造を検討する．(17a), (21), (22) の句構造を比較すると，これらの句構造において V′ は，従来の句構造分析では VP に相当し，この VP の内部構造は，例えば，以下の句構造規則によって決定された．

　(23)　VP → V (NP) (NP) (PP) (S(C))

しかし，厳密に言えば，この句構造規則自体が，(17a) の場合には VP が V-NP と展開され，(21) では，VP = V であり，(22) では，VP が V-NP-NP と展開されるということを指示するものではなく，あくまでも，VP の展開の仕方の可能性を列挙したものに過ぎない．このことを理解するのに，

以下の最小対が参考になるであろう．

(24) a. John gave Mary a book.
b. John found Mary a genius.

(24a) は (22) に対応する文で，VP が V–NP–NP と展開されるのに対して，(24b) では，Mary a genius の部分が小節（small clause，略して SC），すなわち Aux を欠いた節から成り，「メアリーが天才であること」と解釈されるため，VP が V–SC と展開されなければならない．このことは (23) の句構造規則から直接導き出されるものではない．

結局，(17a) の destroy の場合には補部に NP が一つで，(21) の come の場合は補部が空で，(22) の give の場合には補部に NP が二つ生起するという事実は，個々の V の語彙的特性から得られると考えるのが妥当である．すなわち，destroy は他動詞であるがゆえに NP 補部を要求し，come は自動詞であるがゆえに補部が空であり，give は二重目的語を許すがゆえに二つの NP を従えていると考えられる．このことを，個々の V の語彙指定として，以下のように表すことができる．

(25) a. *destroy*: V, [___ NP]
b. *come*: V, [___ φ]
c. *give*: V, [___ NP NP]

このように，ある語彙がその補部に要求する句を範疇で表したものをその語彙の**下位範疇化**（**subcategorization**）と呼ぶ．このような語彙指定が必要であることは，以下の文の非文法性から明らかである．

(26) a. *John destroyed.
b. *John came Mary.
c. *John gave Mary.

すなわち，これらの文は，(25) の下位範疇化による語彙指定から逸脱するがゆえに非文法的であると言える．また，(24a, b) の VP の内部構造の違いも，give と find の語彙指定の違いに帰すことができる．以上の考察から

自然と導き出されることは，X′ 理論の枠組みでは，ある主要部 X を XP まで投射する仕方は，(18) の鋳型に従いつつ，X の語彙指定に見合った形で行われるということである．このように，主要部 X の XP への投射が X の語彙指定を投影していなければならないとする原理を，**投射原理**（**Projection Principle**）と呼ぶ．これまで，「XP は X の投射である」という言い方をしてきたが，この投射原理に従えば，「XP は X の語彙指定が投射したものである」というのがより正しいことになる．まとめれば，句構造は，投射原理と X′ の鋳型によって構築されると言うことができる．

3. 範疇選択と意味選択

ここで，語彙指定にはどのようなものが必要であるかを少し詳しく見ていくことにする．上で述べた下位範疇化による語彙指定は，統語範疇によるものであったが，これ以外にある主要部が選択する要素の意味役割による語彙指定が必要なことが知られている．前者の語彙指定のやり方を**範疇選択**（**categorial selection**）と呼ぶのに対して，後者のやり方を**意味選択**（**semantic selection**）と呼ぶ．この意味選択の必要性を示すために，まず，以下の例文を考察する．

(27) a. The enemy destroyed the city.
　　 b. The stories amused the children.

まず (27) の二つの文を比較すると，どちらの文も NP-V-NP という連鎖から成り立っているが，この連鎖の二つの NP の V に対する意味的関係に着目すると，その違いに気づかれるであろうか．(27a) では，主語 NP が「破壊する」という動作の主体で，目的語 NP がその対象体を表している．これに対して，(27b) では，主語 NP が「楽しませる」という行為の対象体で，目的語 NP がその対象体の経験者を表している．(27a) の主語 NP のように，動作の主体を表すものを**動作主**（**Agent**）と呼び，(27a) の目的語 NP や (27b) の主語 NP のように，動作や行為の対象体を成すものを**主題**（**Theme**）と呼び，さらに，(27b) の目的語 NP のように，経験者を表すも

のを**経験主**（**Experiencer**）と呼ぶ．また，これらの各々の意味役割を*θ*役割（*θ*-role）と呼んでいる．主要部の語彙指定として，このような*θ*役割によるものが組み込まれているものとすると，例えば，動詞 destroy や amuse は，以下のような語彙指定を持つことになる．

(28) a. *destroy*: V, (Agent, Theme) [＿ NP]
　　 b. *amuse*: V, (Theme, Exp) [＿ NP]

この語彙指定の中で，destroy や amuse のようにある要素を選択する側のものを**述語**（**predicate**）と呼び，選択される側を**項**（**argument**）と呼ぶ．この用語を用いれば，この二つの述語共に，二つの項を選択しているが，その中身が異なっている．destroy が動作主と主題を選択しているのに対して，amuse は主題と経験主を選択している．この二つの項のうち，補部に生起する項を**内項**（**internal argument**）と呼び，指定部に生起する項を**外項**（**external argument**）と呼んで区別する．(28) では，外項に下線部を施している．さらに，[＿ NP] という範疇指定によって，それぞれの語彙指定の二つの項のうち，内項が NP の形で動詞の補部に生起することを表している．また，(28) の語彙指定では，外項に範疇指定は必要ないことを前提としているが，このことについては後に触れる．このように，語彙指定に意味選択による指定を加えることによって，例えば，以下のデータの文法性を正しく捉えることができる．

(29) a.　Sincerity may frighten the boy.
　　 b. *The boy may frighten sincerity.
(30) a.　The boy may admire sincerity.
　　 b. *Sincerity may admire the boy.

(Chomsky (1965: 75-76))

【問題3】 (28) にならって，frighten と admire の語彙指定を書き表した上で，(29a) と (30a) の VP 内の統語構造を樹形図を用いて表せ．また，なぜ (29b) と (30b) が非文法的であるか説明せよ．

θ役割にはどのような種類が存在するのかについては，当然のことながら，研究者によって主張が異なっているが，ここでは，代表的なものをいくつか付け加える．以下の例において，

(31) a. The ball rolled from the top of the hill into the pond.
  b. John put the book on the table.

(31a) の the ball は主題を表し，from the top of the hill は起点 (**Source**)，そして into the pond は着点 (**Goal**) を表している．そして，(31b) の John は動作主，the book は主題，そして on the table は場所 (**Location**) を表している．したがって，roll と put は以下のような語彙指定を持つことになる．

(32) a. *roll*: V, (Theme, Source, Goal) [＿ PP PP]
  b. *put*: V, (Agent, Theme, Loc) [＿ NP PP]

【問題4】 以下の例文の動詞の語彙指定を書き表した上で，それぞれの文の VP 内の統語構造を樹形図を用いて表せ．

(33) a. John bought the book from Bill.
  b. Bill sold the book to John.
(34) a. I liked the play.
  b. The play pleased me.
(35) a. John broke the window.
  b. The window broke.
(36) a. Bees are swarming in the garden.
  b. The garden is swarming with bees.

これまで仮定してきた語彙指定の仕方では，外項に範疇指定を行ってこなかったが，これは，そうする必要がないという一般的に受け入れられた考え方に基づいている．外項は，いわゆる主語の働きをする要素に対応するが，主語に生起できる範疇は限られており，典型的には NP か節 (S′, S, SC)

である．話を簡潔にするために，仮にこの主語に相当する外項の範疇の現れとしてこの二種類しか存在しないとする．この二種類存在するという事実は，外項に範疇指定が必要であることを示しているであろうか．この問いには，語彙指定の中の範疇指定と意味指定の間の関係がどうなっているのかというより一般的な問題が関わってくる．というのは，意味役割の種類によってはその範疇が直ちに予測可能なものが存在するからである．例えば，動作主は，行為の担い手であることから，典型的には人を指し，外項として働く場合は NP として具現される（これまでの例文の動作主はすべて NP として具現されていることに注目せよ）．また，経験主も，その名の通り人を指し，外項として働く場合は NP として具現される（(34a) を参照せよ）．そして，外項が主題として働く場合に，NP かもしくは節の選択肢が存在するのであるが，その場合も大方予測可能である．というのは，(31a) の roll や (35b) の break や (36a) の swarm などは，その語彙的性質上主題で表されるのは広い意味での物体であり，その場合は，NP で表されるが，それに対して，(27b) の amuse や (29a) の frighten や (34b) の please などは，その語彙的性質上主題で表されるのは，物体に留まらず，事実や出来事をも含まれるので，NP のみならず節によっても生起可能である．以下の例文は，これらの動詞の主語に S′ が生起できることを示している．

(37) That John failed the entrance exam amused/frightened/pleased Mary.

したがって，外項については，その動詞の語彙的意味とその θ 役割から自動的にその範疇の種類を特定できるとする十分な根拠が存在する．よって，個々の述語の語彙指定の中には，外項の θ 役割さえ指定しておければそれで十分ということになる．

　これに対して，内項の場合には事情が異なってくる．例えば，主題を例に取ると，内項の場合は，NP や節のみならず PP としても生起するが，ある述語が内項に主題を取る場合，それがどの範疇で具現可能かはその述語の語彙的意味からは予測可能であるようには思われない．例えば，以下のデータを考察しよう．

(38) a. Mary asked what time it was.
　　 b. Mary asked the time.
(39) a. Mary wondered what time it was.
　　 b. *Mary wondered the time.
　　 c. Mary wondered about the time.

ask も wonder も内項に主題を選択し，さらにその主題の内容も，(38a) と (39a) に示された通り，疑問節に対応する内容を表している点で，意味的に同一の主題を選択していると考えられる．その主題が ask では，(38b) に示す通り NP で具現されるのに対して，wonder では，(39b, c) に示した通り，PP で具現される．この違いを捉えるためには，それぞれの動詞の範疇指定に頼らざるを得ないであろう．また，以下の例文では，経験主が動詞によって NP のみならず PP として具現されることを示している．

(40) a. It strikes me that John is pompous.
　　 b. It seems to me that John is pompous.

この二つの文はほぼ同じ意味を表しているが，strike の場合は (40a) に示す通り，経験主が me という NP で具現するのに対して，seem の場合は (40b) に示す通り，to me という PP で具現される．これらの例もまた，内項には範疇指定が必要であることを示唆する．また，動詞によっては，内項の範疇への具現の仕方が二通り存在するものがある．その典型的な例が，give のようないわゆる二重目的語構文を許すものである．

(41) a. John gave a book to Mary.
　　 b. John gave Mary a book.

この場合には，着点に相当するものが (41a) の to Mary のように PP で具現したり，(41b) の Mary のように NP で具現するのみならず，着点と主題の順番が両者で逆になっている．このことを正しく捉えるには，どうしても範疇指定が必要である．以上のことから，外項には範疇指定は必要ないが，内項には範疇指定が是非とも必要であることが明らかになったと思う．

4. 文の内部構造

さていよいよ文全体の統語構造について述べていく．これまでは，Aux を取り去った VP 内部の構造を明らかにしてきたが，この VP に Aux をどう結びつけるのかが次に問題となる．従来 Aux は主語と述語と共に，S の構成素を成していたが，X′ の鋳型を普遍原理とする X′ 理論では，この S を X′ の鋳型に合うように改良する必要がある．すなわち，S の主要部は何であり，その補部と指定部にはどんな要素が現れるのかを明らかにする必要がある．まず，S の主要部は Aux と仮定されている．現在では，慣例として Aux の代わりに T(ense) を用い，S は T の投射であることから，これを TP として表す（80 年代には I(nflection) を主要部と見なし，S は IP と称していた）．そして，T の補部には VP のような時制を伴わない文的意味を持つものを取る（以下，「文的意味を持つもの」を命題（Proposition）と称する）．そうすると，例えば（27a）を例にとると，T とその補部である VP が合わさって以下のような T′ の構造ができ上がる．

(42)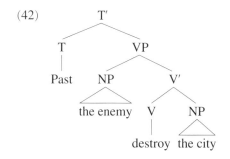

この構造から（27a）の文を正しく派生するためには，外項の the enemy を T の左側に移動する必要がある．というのは，Past を will のような助動詞に置き換えれば，語順は The enemy will destroy the city になるからである．その移動先として最も自然な位置は T の指定部であろう．そうすると，(27a) の表層構造は以下のようになる（厳密には，Past が接辞付加規則（Affix Hopping）によって destroy にくっ付いたものが最終的な表層構造であるが，ここでは省略する．また，VP 指定部の t は the enemy の移動によっ

(43)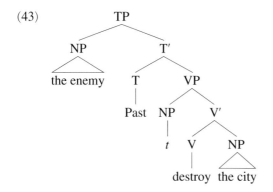

　(42) では，VP によって表された時制のない命題に T が時制の値（例えば，現在とか過去とか未来など）を与えることによって，文全体の意味が導き出され，意味的にはこれで完結しているように思われる．しかしながら，統語的観点からは，語順を正しく導き出すためには，(43) に示された通り，外項の NP を T の指定部に繰り上げなければならない．それでは，いったいなぜこのような繰り上げ移動が存在するのであろうか．

　文の意味や機能の観点からすれば，この繰り上げ規則は，「命題は大きく主語と述語の部分から構成される」というアリストテレスの主張に基づいて，命題の主語を導き出す働きを担っていると考えることができよう．この場合の主語とは，深層構造で決定されるような論理主語ではなく，表層主語に相当する．以下の能動文と受動文のペアを考えてみよう．

(44) a. Einstein has visited Princeton.
　　 b. Princeton has been visited by Einstein.

(Chomsky (1970b/1972: 111))

この二つの文は，visit の語彙指定に基づき，外項の動作主である Einstein が VP の指定部に，そして内項の主題である Princeton が VP の補部に投射される同一の深層構造を持つと考えられる．これによって，この二つの能動文と受動文がほぼ同じ意味を持っていることを捉えることができる．しか

しながら，この二つの文は表層主語が異なっているがゆえに，厳密には同一の意味を持っているわけではない．(44a) の文は，(43) に示されたような派生をたどり，Einstein という表層主語と has visited Princeton という述語から構成される命題（「アインシュタインは，プリンストンを訪れた経験がある」）を生み出す．これに対して，(44b) の文は，受動変形規則を経て（この変形規則については次章で扱う），Princeton が TP の指定部に繰り上がり，Princeton という表層主語と has been visited by Einstein という述語から構成される命題（「プリンストンは，アインシュタインによって訪れられたことがある」）を生み出す．このように考えてくると，T の指定部への繰り上げ移動は，意味的働きとしては，表層主語を導き出すためと見なすことができる．そうすると，アリストテレス流の命題を正しく導き出すために統語部門で要求されていることは，以下のように述べることができる．

(45) T は指定部に XP を選択する．

そして，この XP は意味解釈規則によって表層主語と解釈されることとなる．(45) の原理を**拡大投射原理**（**Extended Projection Principle**，以下 **EPP**）と呼ぶ．上で，投射原理とは，主要部 X の XP への投射が X の語彙指定を投影していなければならないとする原理であった．すなわち，この原理に従えば，主要部 X の補部と指定部にどのような句が生起するかは X の語彙指定によって決定されることとなり，深層構造を構築するのに決定的な役割を果たす．これに対して，なぜ (45) が "extended" を冠して呼ばれるかと言えば，T の指定部にある特定の句を要求するという点においては，投射原理の働きと共通性が見られるが，その反面，(45) が述べているのは，T の範疇に属する様々な主要部がその語彙指定によって指定部に何かを要求するというのではなく，言ってみれば，「TP には主語が必要である」というより一般的要求を表している点，また，この要求は深層構造では満たされる必要はなく，表層構造にて働くものである点において，投射原理とは異なっている．

さて，この EPP を満たす方法として，(43) では，V の外項が T の指定部に繰り上がることを述べたが，これ以外の方法が存在する．以下の例文を

考察してみよう.

(46) a. It seems to me that John is pompous. (= (40b))
    b. It is likely that John will win the prize.

これらの文の主節の T の指定部に収まっているのは it であるが, この it は, (43) の場合のように, seem や likely の外項の位置から T の指定部に繰り上がったものと見なせるであろうか. ある主要部の補部や指定部に収まる要素は, その主要部の語彙指定によって選択されたものであることを思い起こしてほしい. (46) の文で, it が seem や likely に選択された項と考えるのは妥当であろうか. この it は伝統文法では**冗語的 it** (**pleonastic** *it*) と呼ばれ, 当該の文に対して何ら意味的寄与を成さない要素と見なされてきた. この考え方に従えば, it は seem や likely のような述語に選択される項ではないと考えるのが妥当であり, したがって, これらの述語を主要部とする句内に基底生成されると考えるのは妥当ではない. そうすると, it は TP の指定部に直接挿入されることになり, 挿入される理由は, EPP を満たすためと見なすことができる. (43) の派生において, T の指定部が深層構造では空であるが, EPP を満たすために, 表層構造に至る段階で繰り上げ規則によって V の外項の NP を T の指定部の位置に動かしているが, これと並行的な取り扱い方を it の場合に適用すれば, it は深層構造の段階で T の指定部に導入されるのではなくて, 派生段階の途中で it 挿入規則によって導入されるとするのが妥当であろう. 上で, EPP を満たすために T の指定部に収められたものは, その TP が表す命題の「主語」の働きをすることを述べたが, 冗語的 it が挿入された場合は, it が意味内容を持たないことから, 当該の命題は「無主語命題」であると見なすことができよう.

【問題5】 (46) の例文の seem と likely の語彙指定を書き表した上で, それぞれの文の深層構造を樹形図で概略表し, 派生を簡単に示せ.

冗語的 it と同様に, それ自体意味内容を持たない要素で, T の指定部に生起する別の冗語的表現が英語には存在する. 存在文における there がそれ

(47) a. A man is in the room.
   b. There is a man in the room.

(47b) の存在文は，(47a) とほぼ同じ意味を表していると言われるが，そうすると，there は，冗語的 it と同様，それ自体意味内容を持たないものと考えられる．このような使い方をする there を冗語的 there とか**虚辞**（**expletive**）の there と呼ぶが，この there も it と同様の扱いをすることができる．すなわち，there は，EPP を満たすために，派生段階の途中で there 挿入規則によって導入されるとするものである．そうすると，(47a, b) は共通の深層構造を持ち，EPP を満たすために，(47a) では a man が T の指定部に繰り上がり，(47b) では there が T の指定部に挿入されたと考えることができる．(47a, b) はほぼ同じ意味を持つと言ったが，(47a) が表す命題には a man という主語が存在するが，(47b) は無主語命題を表している点において意味が異なっていると言えよう．((47a, b) の統語構造については，本章の第 8 節で扱う．)

次に，従来 S′ と表記された句が X′ 理論ではどのような内部構造を持っているのかを考察する．S′ は補文標識（Complementizer，略して Comp）と S から成り立っているが，S は上で述べたように TP に置き換わった．Comp は後続する TP の節タイプ，例えば，平叙節か疑問節かの指定を行う．したがって，Comp には平叙節を導入する that 節の that や，疑問節を導入する whether などが含まれる．X′ の鋳型を考慮に入れると，Comp は TP を補部に取る S′ の主要部と考えるのが最も自然であろう．現在では，Comp は略して C という表記が与えられ，この C を主要部として投射された句は CP と呼ばれる．そうすると，CP の内部構造は以下のようになる．

(48)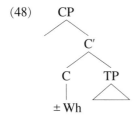

ここでは,平叙節を導入する C を [−Wh],疑問節を導入する C を [＋Wh] で表すこととする.

> **【問題6】**（46）の例文の深層構造を CP を使って書き直せ.また,以下の文の wonder の語彙指定を書き表した上で,深層構造を樹形図で表し,派生を簡単に示せ.

(49)　I wonder whether John will come.

次に,C の指定部にはどのような要素が生起するのか考察する.以下のような例文において,

(50)　Who will you see?

従来,WH 移動規則の適用を受けた wh 句は,それが文タイプを明示するがゆえに,Comp に移動すると仮定された.（48）に示された新たな CP の内部構造において,wh 句はどこに移動すると仮定するのが最も妥当であろうか.可能性は二つで,C に移動するか,もしくは C の指定部に移動するかのいずれかである.後者を正しいと考える概念的根拠と経験的根拠が存在する.まず,概念的根拠は,WH 移動規則の適用を受けて移動する要素は,that や whether とは異なり句を構成しているので,その移動先も句が生起する位置であれば X′ の鋳型が保持されるということである.このことをよりわかりやすく説明するために,ある主要部 X の投射物である X′,XP のうち,XP を X の最大投射（maximal projection）または最大範疇（maximal category）と名付ける.そうすると,X の補部や指定部に生起するのは別の

主要部の最大投射である．WH 移動規則の適用を受けて移動する要素はこの最大投射に相当するので，もしこの要素が C に移動したら，C 内に wh 句の最大投射が埋め込まれることになり，これは明らかに X′ の鋳型から逸脱することになる．それに対して，この要素が C の指定部に移動すれば，指定部は最大投射が生起する位置なので，X′ の鋳型は保持されることになる．このように，ある要素が移動した結果得られる構造も X′ の鋳型に適合しなければならないとする条件を，**構造保持制約**（**Structure Preserving Constraint**）と呼ぶ．この構造保持制約に従えば，wh 句は C の指定部に移動しなければならない．

一方，経験的根拠としては，(50) のような疑問文において，wh 句を C の指定部に移動したと仮定すると，主語-Aux 倒置規則（Subject-Aux Inversion，以下 SAI）を自然な形で捉え直すことができる．(50) の派生において，who を C の指定部に移動したと仮定すると，will は基底の T の位置からどこに移動したと考えることができるであろうか．you が EPP の要請に従って T の指定部に移動したとすれば，will はその左側に生起しているので，その移動先は C と考えるのが妥当である．この移動の仕方は，構造保持制約に違反しないことに着目してほしい．will は基底で主要部である T の位置に生起しているので，C の位置に移動するのであれば，主要部から主要部への移動（head-to-head movement）なので，この制約を守っている．よって，(50) の文を正しく派生することができる．このことから，SAI は T に生起する要素の C への移動規則と捉え直すことができる．

> 【問題 7】 (50) の文の see の語彙指定を書き表した上で，深層構造を樹形図で表し，派生を簡単に示せ．

5. 名詞句の内部構造

これまで文の内部構造の話をしてきたが，次に NP の内部構造について述べる．NP については，the enemy's destruction of the city という句が

(17b) に示された構造を持つことを述べた．この構造を以下に再掲する．

(51)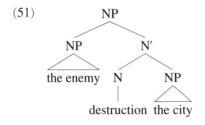

destruction は，それに対応する動詞 destroy と統語範疇の違いこそあれ，それらの意味の平行性を考慮すれば，destroy と同じ語彙指定を持つと考えるのが妥当である．

(52) *destruction*: N, (Agent, Theme) [＿＿ NP]

(51) の統語構造は，投射原理に従って，(52) に示された語彙指定が NP の中に投射された結果でき上がったものである．ここで問題にしたいのは，NP の内部構造がこれで完成と言えるのかどうかということである．この問いに答えるためには，(51) の指定部と補部に生起している the enemy と the city の内部構造がどのようなものかを考察する必要がある．とりわけ，a や the などの限定詞 (Determiner, 略して Det) を構造にどう収めるのかを考えてほしい．例えば，the city は，従来，以下の構造を付与されていた．

(53)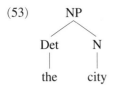

この構造を X′ の鋳型に当てはまるように改良するにはどうすればよいであろうか．まず，the と city の関係に着目すると，the は city の左側に生起しているので，一見すると city の指定部の位置に生起しているように思われるが，それで二つの要素の間の意味関係を正しく捉えているであろうか．(51) において destruction の指定部に位置しているのは，この N の語彙指

定において Agent と指定された外項である．これまでの例において，ある主要部の指定部や補部に生起する句は，この主要部によって選択された要素であることを思い起こしてほしい．その上で，改めて the と city の関係を考察すると，city が the を選択していると考えるのは不自然であろう．city は destruction とは異なり，項を選択する述語というよりは，項を必要とせず，それ自体で完結した要素と見なすことができる．この考えに基づけば，city という N を主要部とする最大投射 NP は，補部や指定部が空で，city のみから構成されていると考えるのが妥当であろう．そうすると，the city は Det と NP との関係ということになるが，この関係は，TP 内の T と VP との関係と並行的であると考えることができる．すなわち，T が VP で表された時制のない命題に時制の値を指定するという働きをしているのに対して，Det は，NP で表された指示（reference）の定まらない要素に指示の値を指定する働きを担っていると見なすことができる．この場合，「指示の値を指定する」仕方には様々な分類が可能であるが，ここでは，the と a の区別を中心にすえ，定・不定（definite-indefinite）の値を指定するものとする．例えば，the city であれば，Det である the がある特定の city を指し示すことを表し，a city であれば，a が不特定の city を指し示していることを表している．Det を簡略化して D と表し，T に Pres や Past の指定をしたのと同様，定・不定の指定を +Def/−Def で表すと，the city と a city の構造は，以下のようになる．

(54)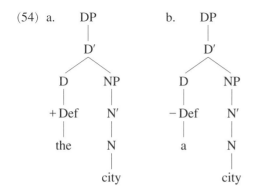

そうすると，従来 NP と言われていたものはすべて NP を補部に取る主要部 D の最大投射である DP に置き換わることになる．したがって，the enemy's destruction of the city も DP を構成していることになり，(51) に示された NP が D の補部に位置することになる．この場合の D は定・不定のどちらであろうか．英語の特性上，所有格の名詞句を伴った名詞句は定表現である．例えば，John's friend と言えばジョンのある特定の友達を指し，a friend of John's とは区別される．それから，destruction の外項である the enemy は TP の場合と並行的に，N の指定部から D の指定部に移動し，この位置でその所有格である the enemy's の形を取って現れるものとする．よって，以下のような構造が得られる．

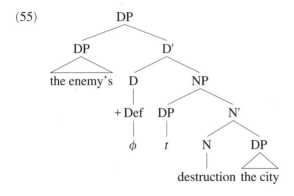

the enemy が N の指定部から D の指定部へ移動するのは，T の場合のような EPP が関わっているわけではない．というのは，DP は TP とは違い，必ずしも表層主語に相当するものを要求するわけではないからである（上の (54) を参照せよ）．この D の指定部への移動は，言ってみれば，T の指定部の DP が主格で現れるのを保証するのと同じ意味において，the enemy がその所有格である the enemy's の形で現れるのを保証するためのものである．また，(55) の派生段階から最終的に the enemy's destruction of the city を派生するためには，destruction と the city の間に of を挿入する必要がある．よって，以下のような of 挿入規則が必要である．

(56) of 挿入規則 (*Of*-Insertion Rule)
N-DP の連鎖の間に of を挿入せよ．

なぜこのような of の挿入規則が N とその補部の間に適用しなければならないのかについては，次章で格理論について述べるところで戻ることとなる．

6. 語彙範疇と機能範疇

上で，句構造は，基本的には，投射原理と X′ の鋳型に従って，主要部の語彙指定をその最大範疇内に投射することによって作られることを述べた．しかし，これまでの説明の中で，このことが厳密な意味で当てはまる範疇とそうでない範疇が存在していることに気づかれるであろうか．まず，範疇によって，語彙指定を行ってきたものとそうでないものが存在する．V, N, A は語彙指定を問題にしてきた範疇であり，T, C, D は語彙指定を問題にしてこなかった．その理由は，前者のタイプの範疇は，語彙によって補部や指定部を選択するものやそうでないものが存在し，さらに選択するにしても，どういった 役割を担うかについて様々であり，語彙指定が必要であるのに対して，後者のタイプの範疇は，そのような語彙ごとの指定を必要としない．T は通常補部に VP を選択し (be 動詞が T に生起する場合は多少事情が異なってくるが)，指定部には EPP によって，主語の解釈を受けることになる句 XP を選択する．CP は常に補部に TP を選択し，指定部には TP 内に wh 句が存在する時のみ，その wh 句が生起する．そして，DP は常に補部に NP を選択し，指定部には，基本的には，NP 内に外項の DP が存在するときのみ，その DP が所有格で生起するのを保証するためにその位置に移動する．このように語彙指定を必要とするタイプの範疇を**語彙範疇** (**lexical category**) と呼び，そうでない範疇を**機能範疇** (**functional category**) と呼ぶ．この二つのタイプの範疇は，投射原理を満たしているかどうかについても違いが見られる．この原理は，厳密に言うと，以下のようなものである．

(57) 投射原理 (Projection Principle)
　　　主要部の語彙指定は，すべての表示レベル（すなわち，深層構造，表層構造，論理形式 (Logical Form，略して LF) において，その最大範疇内に投射されなければならない．

語彙範疇は，この原理に従ってそれを主要部とする最大範疇を構築する．これに対して，機能範疇は，異なった表示レベルにおいて異なった要素が指定部に生起していることに着目してほしい．例えば，TP では，深層構造ではその指定部が空であるが，表層構造までには EPP によって何らかの句によって占められる．CP においても，疑問文においては，深層構造ではその指定部が空であるが，表層構造では wh 句によって占められることになる．DP においても，その指定部は深層構造では空であるが，表層構造では DP によって占められることがある．このように，機能範疇は，その指定部が移動規則の移動先の機能を担っているがゆえに，(57) に掲げられた投射原理を満たすことはできない．しかしながら，上述した構造保持制約により，移動の結果でき上がった機能範疇の最大投射は X' の鋳型には従うこととなる．まとめると，語彙範疇については，その句構造は，投射原理と X' の鋳型に従って，主要部の語彙指定をその最大範疇内に投射することによって作られる．これに対して，機能範疇は X' の鋳型に従ってはいるものの，必ずしも投射原理を満たすわけではなく，指定部が移動規則の移動先としての機能を果たす場合がある．この二つのタイプの範疇の関係が，基本的に，語彙範疇の投射の上に機能範疇の投射が乗っかる格好になっているというのは，興味深いことである．節であれば，AP や VP の上に TP そして CP が乗っかり，名詞句では NP の上に DP が乗っかるというように．

【問題 8】 この節で扱われた例文すべて（文法的な文に限る）について，各文の語彙範疇の語彙指定を書き表した上で，深層構造を樹形図で表し，派生を簡単に示せ．

7. 付加構造

　これまで扱ってきた統語構造は，述語と項の関係を中心に，主要部とそれによって選択されるものが，X′ の鋳型に従って，補部や指定部に収められる仕方を述べてきた．次に述べなければならないのは，いわゆる修飾語句の扱いである．以下の文を比較すると，

(58)　a.　John wrote a letter to Mary.
　　　b.　John wrote a letter in the morning.

(58a) では，John, a letter, to Mary が write の項として選択されているのに対して，(58b) では，John と a letter は write の項として働いているが，in the morning は write によって選択される項というのではなく，write とその項によって表された事象を修飾している．問題は，このような修飾語句を構造にどのように収めるのかということである．ある主要部の補部と指定部はそれによって選択されるものが生起する位置であるという条件下では，修飾語句はそれらの位置に生起することはできない．そうすると，X′ の鋳型では修飾語句が生起できる位置が確保されてないことになってしまう．この問題を解決するために，修飾語句は**付加操作**（**adjunction**）と呼ばれるやり方によって構造に組み込まれることが提案された．修飾語句はこのような操作によって組み込まれるため，付加詞（adjunct）と呼ばれるが，ある付加詞をある任意の範疇 X に付加するとは，以下に示すように，X を二つに割ってその間に付加詞を挿入するということである．

(59)　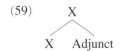

例えば，(58b) の付加詞 in the morning が VP に付加されたとすると，構造は以下のようになる．

(60)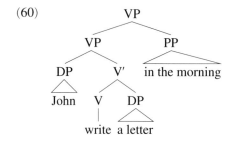

この構造において，a letter は V の補部に生起しているがゆえにその項であることがわかり，それに対して，in the morning は VP に付加していることから付加詞であることがわかる．

これによって，項と付加詞の違いを構造にどう反映させるかが理解できたと思うが，次に考察しなければならないのは，付加詞をどの範疇に付加するのが正しいのかという問題である．(60) で in the morning は VP に付加されているが，これは単に一例であって，唯一正しいやり方であることを含意するものではない．付加する位置の「正しさ」を決める基準の筆頭に挙げられるのは，その付加詞の意味解釈に関するものである．付加詞の他の句に対する意味的関係を統語構造から正しく読み取るためには，以下のような意味解釈規則が必要と考えられる．

(61) 付加詞はそれによって付加された範疇を修飾する．

この解釈によって，(60) では，付加詞 in the morning は VP の下にある John write a letter を修飾するものと解釈される．これは，(58b) の文の意味を正しく表していると考えられる．

ちなみに，(61) のような句構造から意味関係を読み取る意味解釈規則は，X′ 理論に基づいたシステムでは，これまで触れるところがなかったが，それは，このような意味解釈規則は項に対しては不要であることによる．なぜならば，投射原理が言ってみればその肩代わりをしているからである．(60) において，John が write の動作主の働きをし，a letter が主題の働きをしていることは，write の語彙指定とその語彙指定を write の最大範疇内に投射せよという投射原理によって保証されている．これに対して，付加詞は投射

原理によるこういった保証がないがゆえに，(61) のような解釈規則が必要であると言うことができる．さて，この解釈規則を与えられた場合，(58b) の文の意味を正しく捉えるのに，in the morning の付加先は VP に限られるであろうか．説明を簡便にするために，付加詞の付加先を最大範疇に限ることとする．そうすると，in the morning の付加先として TP もその候補に上る．この場合には，in the morning は過去時制を含む John wrote a letter を修飾するものと解釈される．

【問題 9】 in the morning を TP に付加した場合の構造を樹形図を用いて表せ．

in the morning が時制を含む事象を修飾しているのが正しいのか，それとも時制を除いた事象を修飾しているのが正しいのかを決定づける意味的・概念的根拠は，筆者の知る限り，はっきりとわかってはいないので，(61) の意味解釈規則に基づき，in the morning は VP かもしくは TP に付加できることとする．

付加する位置の「正しさ」を決める第二番目の基準は，統語テストによるものである．例えば，in the morning のような PP が VP 内に位置するのか，それとも VP の外に位置するのかを do so テストによって決定することができる．このテストは，do so 表現が前出の VP を指し示すという統語的特性を用いて，ある PP が do so の指し示すものの中に含まれなければ，それが VP の外に位置するものであることを示し，含まれれば，その PP が VP 内に位置するものであることを示すものである．関連するデータを以下に挙げる．

(62) a. John wrote a letter in the morning and Fred did so in the afternoon.
　　 b. John wrote a letter to Mary and Fred did so, too.
　　 c. *John wrote a letter to Mary and Fred did so to Harriet.

((62a, c) は Jakendoff (1990: 453) からの引用)

(62b, c) の文から見ていくと，(62b) で do so は前出の write a letter to Mary を指し示しているので，to Mary は VP 内に生起することを示している．このことは，(62c) の非文法性からも支持される．というのは，もし to Mary が VP の外に生起できるのであれば，(62c) の do so は write a letter のみを指し示すことが可能になり，この文は文法的になるはずであるが，実際は非文法的だからである．このことは，to Mary が write の着点の働きをしている内項であるという事実から導き出される．というのは，内項であれば，投射原理によって to Mary は write の補部の位置に生成されるからである．これに対して，(62a) のデータは，do so の後に in the afternoon が生起していることから，この PP が VP の外にあることを示しているだけではなく，do so が前出の write a letter を指し示していることから，in the morning も VP の外に位置していることを示している．上で，(61) の意味解釈規則に従えば，in the morning は VP ないしは TP に付加されることを述べたが，仮に VP に付加された付加詞は VP 内に含まれるとすれば，(62a) のデータは in the morning が TP に付加されることを示している．しかし，事はこれ程単純ではなく，do so テストによって in the morning は VP 内に生起可能なことを示すデータがある．

(63) John wrote a letter in the morning and Fred did so, too.

この文では，do so は write a letter in the morning を指し示すことが可能である．したがって，この場合 in the morning は VP に付加していることになる．まとめると，do so テストによれば，in the morning のような付加詞は VP に付加する場合と TP に付加する場合の両方のケースが存在するということになる．筆者の知る限り，他の統語テストを用いても同様の結果が得られる．

付加する位置の「正しさ」を決める第三番目の基準は，語順である．これまで仮定された付加操作は，(59) に示してある通り，付加対象である X の右側から行われており，その結果，付加詞は X の後に生起することになる．これまで提示された例ではすべて付加詞が文末に位置しているので，VP に付加しようが TP に付加しようが，その位置を正しく捉えることができる．

しかし実際には付加詞は様々な位置に生起することができる．例えば，(58b) の文の意味を変えずに，in the morning を文頭に置くことができる．

(64)　In the morning, John wrote a letter.

この文では，付加詞が文の左側に生起していることから，(59) に示すような右側からの付加操作のみならず，以下に示すような左側からの付加操作が必要である．

(65)

(64) の場合は，in the morning を左側から TP に付加することによってそれが文頭に生起することを捉えられる．

> 【問題10】(64) の表層構造を樹形図を用いて表せ．また，in the morning を左側から VP に付加した場合の表層構造を樹形図を用いて表した上で，どのような語順が得られるかを確認せよ．

in the morning を左側から VP に付加した結果得られる文は非文法的であるが，このことは，付加詞全般について VP に左側から付加できないことを示すものではない．付加詞が生起する位置は，その付加詞固有の語形的・意味的特性によって異なってくる．以下の例は，VP に左側から付加した位置に生起できる付加詞を示している．

(66)　a.　We usually go to Sendai in summer.
　　　b.　The sun always rises in the east.
(67)　a.　John angrily tore up the letter.
　　　b.　Mary stupidly forgot her passport.

このような位置に生起できる副詞には，(66) に示したような頻度を表す副詞と (67) に示したような主語を修飾する主語副詞などがある．

【問題 11】 (68) の例では，動詞の後の二つの PP を入れ替えても文は成り立つが，(69) の例では，二つの PP を入れ替えると (69b) のように非文法的な文ができ上がってしまう．なぜ (68) では入れ替え可能なのかをそれぞれの文の動詞の語彙指定と深層構造を明らかにすることによって説明せよ．また，(69a) の動詞の語彙指定と深層構造を明らかにした上で，(69b) が非文法的である理由を説明せよ．

(68) a. John talked to Mary about Bill.
　　 b. John talked about Bill to Mary.
(69) a. John talked to Mary in the morning.
　　 b. *John talked in the morning to Mary.

次に名詞句内に生起する付加詞について説明する．名詞句内に生起する付加詞には，以下の例に示すように，形容詞句と前置詞句がある．

(70) a. a **tall** man
　　 b. a man **with long hair**

これらの句は man や a によって選択されるような働きではなく，man または a man を修飾する働きをしていることから付加操作によって構造に導入されるのが妥当である．どの範疇に付加されるかは，上で述べた (61) の意味解釈規則，統語テスト (NP の内部構造を確かめる統語テストについては，以下参照のこと)，それから語順が関係してくる．

【問題 12】 (70) の名詞句の構造を樹形図を用いて表せ．

従来，(70a) の内部構造は，以下に示すように，大きく三つに分けられるものと分析された．

(71)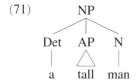

これとは対照的に，ここでの DP を用いた新しい分析では，(70a) の名詞句は大きく a と tall man に分けられる．この後者の分け方を支持する証拠が等位接続のテストから得られる．

(72) a. These very tall men and very short women don't get on.
b. Mary is a very pretty girl and very good cook.
c. He is the best writer and worst party-goer that I know.

(Radford (1981: 92))

等位接続構造において，等位接続されるものは，構成素を成し，通常同じ範疇を持つものでなければならないという性質を持っている．(72a) では，very tall men と very short women が等位接続され，この全体に these という限定詞がくっ付いているが，この事実は (71) のような構造を仮定しては説明できない．というのは Det である these を取り除いた部分は構成素を成していないからである．それに対して，ここでの DP 分析では，名詞句全体が D である these と NP に分割されることになり，なぜ these を除いた部分が等位接続可能なのかを正しく説明することができる．(72b, c) からも同様の結論が得られる．

この DP 分析をさらに支持する証拠が代用表現の one のテストから得られる．

(73) I like this very tall girl more than that one. (ibid.)

上で VP の代用表現である do so のことを述べたが，代用表現はその一般的特性として「構成素を指し示す」と言われている．もしこの仮定が正しければ，(73) において one が very tall girl を指し示しているという事実を (71) のような構造からは説明できない．というのは，この場合，one は構

成素を成さない部分を指し示すことになってしまうからである．これに対して，DP 分析では，one が NP という構成素を指し示すと仮定することにより，(73) において one が very tall girl を指し示すことを正しく捉えることができる．

【問題 13】 (75) と (76) のデータを基に，(74a, b) の構造を樹形図を用いて表せ．また，その構造を使って，(75) と (76) の文法性を説明せよ．

(74) a. a student with long hair
　　 b. a student of physics
(75) a. a student of physics with long hair
　　 b. *a student with long hair of physics
(76) a. I like this student with short hair better than that one with short hair.
　　 b. *I like this student of chemistry better than that one of physics.

(Radford (1981: 98))

【問題 14】 (77) の文は，以下に示したように，二通りに解釈できるが，それぞれの意味に対応する表層構造を樹形図を用いて表せ．

(77) The woman saw the man with binoculars.
　　 a. その女性は双眼鏡でその男性を見た．
　　 b. その女性は双眼鏡を持ったその男性を見た．

8. 小節と be 動詞構文の構造

以上で，X′ 理論における文および名詞句の統語構造についての概略的説明を終えるが，本節では，これまで触れてこなかったが，重要と思われる統語構造について，補足的に述べていく．まず，小節 (small clause, SC) の扱いである．小節とは，Aux を持たない節のことで，以下の例文の see や

find が選択する節のことである．

(78) a. I saw him cross the street.
b. I found him happy with this conclusion.

(78a) では，「彼がその通りを渡る」という節を see が内項に取り，(78b) では，「彼がその結論に満足している」という節を find が内項に取っている．上で仮定されてきた X′ 理論の下では，これらの文にどのような構造を付与することができるであろうか．

> 【問題 15】 (78a, b) に関して，必要な語彙指定を行った上で，それぞれの文の深層構造を樹形図を用いて表し，簡単に派生を示せ．

このように，いわゆる小節と呼ばれているものが (78a, b) のように V や A を主要部とする最大投射に対応すると考えるのは，ごく自然である．しかしながら，この分析にはいくつか問題点が生じる．その最たるものは，以下の例に示すように，小節の述語に相当する部分が PP や DP から成るケースに関わる．

(79) a. I found him in trouble.
b. I found him a genius.

各々の文の小節に対応する部分の構造は，(78) のケースにならえば以下のようになるであろう．

(80)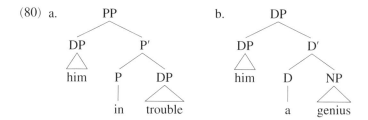

この構造の問題点は，指定部に位置しているものと主要部との関係が何を意

味しているのかがはっきりしないことである．この点は（78a, b）の場合と対照的である．（78a）では，小節の主要部 cross はその補部に位置する the street と指定部に位置する him とは述語対項の関係にあるし，（78b）でも小節の主要部 happy はその補部に位置する with this conclusion と指定部に位置する him とは述語対項の関係にある．これに対して，（80a）では主要部の P がその補部にある trouble とは述語対項関係のような選択関係にあるので，この二つの間の構造関係には何ら問題はないと思われるが，主要部と指定部の間にはそのような関係が成り立っているとは思われない．これまで扱ってきた事例では，少なくとも深層構造においては，補部と指定部に位置するものは主要部と広い意味で選択関係にあるものに限られてきた．もし，（80a）において in と him の間に何の意味関係も働いていないとなると，（80a）の構造からこの構造内の要素の意味関係を正しく導きだすことはできないであろう．同様の問題は，（80b）にも生じる．この構造において，主要部 D の a とその補部である genius は，D の本来的機能である NP が指し示すものが定なのか不定なのかを決定するという関係にあるので何ら問題はないと思われるが，主要部と指定部の間には何の意味関係も成り立ってはおらず，したがって，（80b）の構造からこの構造内の要素の意味関係を正しく導きだすことはできないであろう．

　それでは，いったい（80a, b）の要素内の意味関係はどのようなものであり，その意味関係を正しく反映するような構造とはどのようなものであろうか．まず正しい意味関係とは，伝統的な意味での主語–述語の関係である．すなわち，（80a）では him と in trouble が主述の関係にあり，（80b）では him と a genius が主述の関係にある．この主述の関係がこれまで仮定されてきた句構造のシステムでどのように表されたかと言えば，それは EPP により T がその指定部に要求する句と残りの T' に相当する部分の関係によってである．（44）の議論を参照のこと．そうすると，（79a, b）の小節に相当する部分は，空の T を仮定して以下のような構造を持っていると考えることができる．

(81)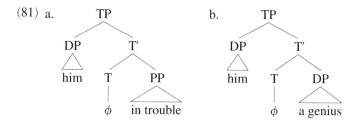

　これらの構造において，空の T が他の T 同様 EPP に従い，その指定部に主語の意味解釈を受ける句が挿入されるとすれば，これらの構造では，him が節全体の主語で残りの部分がその述語に相当すると正しく解釈できることになる．このような小節を空の T の投射と見なすアプローチには，(78) の例文に与えられた構造や (80) の構造のように小節を V, A, P, D のような様々な範疇の投射と見なすアプローチでは適当な構造を付与できない小節に対して適当な構造を付与できるという利点が存在する．以下の文を考察してみよう．

(82)　I consider John Bill's friend.

この文の John Bill's friend の部分に，小節を主要部の範疇の投射と見なすアプローチでは適当な構造が付与できないことを確認してほしい．

【問題 16】　空の T のアプローチを用いて，(82) の小節の部分の構造を樹形図で表せ．

【問題 17】　同様のアプローチを用いて，(78) の各文の小節の部分の深層構造を樹形図で表し，派生を簡単に示せ．

　以上のことから，空の T を用いるアプローチのほうがもう一方のアプローチよりも経験的には優れていると主張できると思われる．しかし，概念的には，空の T を用いるという仮定が他に十分動機づけがなされうるのかなど，不満が残る点がある．実際，これらの二つのアプローチのどちらが正しいの

かについては，学者の間では未だコンセンサスは得られていない．

ほぼ同様の問題が be 動詞を含む文においても生じる．

(83) a. John is happy with this conclusion.
b. John is in the room.
c. John is a genius.

(83a) に対しては，be 動詞の補部に小節が位置し，それが A の投射と見なすことによって意味的に正しい構造を付与できるが，(83b, c) に対しては，同様の仕方で be 動詞の補部がそれぞれ PP と DP の小節から成るとする分析では，意味的に正しい構造は付与できない．というのは，この場合も，(83b) では，主要部 P の in とその指定部に位置することになる John との関係，そして (83c) では，主要部 D の a とその指定部に位置することになる John との関係が不明確だからである．この問題を解決する最も簡単な方法は，(83b, c) が以下の構造を持っていると仮定することである．

(84)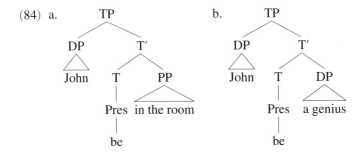

これらの構造では，be は基本的に (81) の構造における空の T と同じ意味機能を担い，John がその T の指定部に位置していることから TP 全体の主語と解釈され，残りの部分がその主語に対する述語と正しく解釈することが可能である．しかし事はこれ程簡単には済まない．be 動詞については，それが疑問文や否定文において助動詞と同じ統語的振る舞いをする時には（すなわち，疑問文において SAI の適用を受けたり，否定文の時には not の前に生起する時），T の位置に生成するのは妥当であるが，以下に示す例文のように，他に助動詞が存在する場合は V の位置に生成すると考えるのが妥

当である.

(85) a. John can be happy with this conclusion.
　　 b. John can be in the room.
　　 c. John can be a genius.

問題はこれらの文の構造がいかなるものであるかということである．それには，V としての be 動詞の語彙指定がいかなるものであるかを決定する必要がある．一つの可能性として考えられるのは，be 動詞がその補部の位置に小節を選択するというものである．上で小節は様々な範疇の投射と見なすのか，空の T の投射と見なすかで二つのアプローチが存在することを述べたが，be 動詞が小節を選択すると言った場合，どちらのアプローチを取るかによって，その語彙指定が以下のように変わってくる．

(86) a. *be*: V, (Theme) [＿＿ XP]
　　 b. *be*: V, (Theme) [＿＿ TP]

この語彙指定において，Theme は実質的には時制のない命題を表し，下線が引かれていないことから内項で，補部に生起することになる．この内項が (86a) ではあらゆるタイプの範疇によって具現可能であることから，この語彙指定は，小節を様々な範疇の投射と見なすアプローチに対応する．それに対して，(86b) では内項が TP として具現されるという指定がなされているが，これは厳密に言えば空の T を主要部とする TP を意味し，小節を空の T の投射と見なすアプローチに対応する．前者のアプローチでは，小節の述語の解釈を受ける範疇が PP や DP の場合は適切な構造を与えることができないということを上で述べた．したがって，(86a) の語彙指定の下では，(85a) に対しては適切な構造を付与することが可能であるが，(85b, c) に対しては不可能である．これに対して，(86b) の語彙指定では (85) のすべての文に適切な構造を付与することが可能である．

> **【問題 18】** (86a) の語彙指定に従って (85a) の文の深層構造を樹形図で表し，派生を簡単に示せ．また，(86b) の語彙指定に従って (85) のすべての文の深層構造を樹形図で表し，派生を簡単に示せ．

この段階に至ると，(83) に示されたような be 動詞が T に生成されるとする事例についても，(86) の語彙指定の下に統一的な扱いができないか探ろうとするのは自然なことである．

> **【問題 19】** (86a) の語彙指定に従って (83a) の文の深層構造を樹形図で表せ．また，(86b) の語彙指定に従って (83) のすべての文の深層構造を樹形図で表せ．

これらの深層構造において，be は VP の主要部を成し，T には現在形を表す接辞 Pres のみが存在することになる．しかし，表層構造においては，be は T の位置に生起する必要がある．なぜならば，この場合の be はそれに対応する疑問文や否定文においては T に位置するかのように振る舞うからである．例えば，上で (50) の疑問文の生成の仕方を説明したところで，SAI は「T の要素の C への移動」と捉え直すことができることを述べたが，(83) に対応する疑問文では，以下に示すように，be 動詞が文頭に位置していることから，T から C へ移動したことを示している．

(87) a. Is John happy with this conclusion?
    b. Is John in the room?
    c. Is John a genius?

be 動詞はすべて基底では V の位置に生成されるという仮定においては，(87) の文を正しく派生するためには，be が V から T へ移動する必要がある．これに対して，(85) に対応する疑問文は以下に示す通り，文頭に位置するのは助動詞 can のみである．

(88) a. Can John be happy with this conclusion?

  b. Can John be in the room?
  c. Can John be a genius?

したがって，これらの事例においては，be は T へは移動していないと考えられる．そうすると be は T に Pres や Past のような接辞のみが生起する時 T に繰り上げられると考えることができよう．もしこの仮定が正しいとすれば，(83) の例においても，be が V から T へ移動していると考えるのが妥当である．(50) の疑問文の生成の仕方を説明したところで，「ある要素が移動した結果得られる構造も X′ の鋳型に適合しなければならない」とする構造保持制約なるものが存在することを述べたが，be 動詞の V から T への移動は，疑問文を作るときの T から C への移動同様，主要部から主要部への移動であり，構造保持制約に適ったものである．

9.　まとめ

・統語構造は，以下の鋳型に従って構築される．

(18) a. XP → (YP) X′
  b. X′ → X (...)

YP の位置を X(P) の指定部と呼び，X の隣の (...) の位置を X の補部と呼ぶ．

・投射原理により，ある句 XP の内部構造は，X の語彙指定から投射される．

〈語彙指定の例〉
(28) a. *destroy*: V, (Agent, Theme) [＿ DP]
  b. *amuse*: V, (Theme, Exp) [＿ DP]

語彙指定は，動作主（Agent），経験主（Experiencer），主題（Theme）などの意味選択に基づいた指定と，[＿ DP] のような範疇選択に基づいた指定から構成される．意味選択指定のうち，下線部を施された項は外項と呼ば

れ，当該の述語の指定部に投射され，下線部のないものは内項と呼ばれ，当該の述語の補部に投射される．

- 従来，S や S′ と分析された文構造は，X′ の鋳型に従って，それぞれ T(ense) を主要部とする TP と C(omplementizer) を主要部とする CP に再分析される．また，名詞句については，従来，NP と分析されたが，D(eterminer) と N の関係を，X′ 理論と投射原理の考え方に基づき，主要部 D とその補部 NP との関係と捉え直し，名詞句を D の投射である DP と見なす．

- 修飾語句は，付加操作によって，統語構造に導入される．この操作は，右側からの付加操作と左側からの付加操作が可能である．

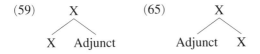

第 3 章

Move α 理論

1. Move α 理論とは？

　この章では，初期の生成文法理論で提案された様々な「変形規則」が，第 1 章で紹介した「原理・パラメーターモデル」に基づいてどのように姿を変えたのかを見ていく．この原理・パラメーターモデルとは，「大人の話者が身につけている言語知識はいかにして獲得されたのか」という問題意識に基づいて，どの部分が生得的で，言語の普遍的・本質的部分を成し，どの部分が単に経験によって学んだのかを解明するのを目標にし，その生得的部分を構成する普遍文法（Universal Grammar, UG）の有り様を捉えようとするものである．したがって，ここでは，UG の変形規則に関わる部門がどのような姿をなしているのかを明らかにすることが目標となる．そのためにまず，変形規則に関して以下の二点を分けて考察する．

(1)　変形規則はどのような操作から成り立っているのか．
(2)　変形規則にはどのような条件が働いているのか．

まず (1) の問題であるが，操作としては，以下にまとめた通り，大きく三種類に分類できる．

(3) a. 移動規則： WH 移動規則，話題化変形規則，受動変形規則の主語後置規則，および目的語前置規則，主語繰り上げ規則，主語-Aux 倒置規則，接辞付加規則など
  b. 挿入規則： Not 挿入規則，Do 支え規則，受動変形規則の Be-en 挿入規則および by 挿入規則，it および there 挿入規則，of 挿入規則など
  c. 削除規則： VP 削除規則など

ここに掲げた規則は，いわゆる疑問文，否定文，受動文，省略構文など個々の構文を派生するために仮定されたものであるが，このようなやり方は，ある特定の言語話者の文法を正しく記述するという目的には適っているにしても，この獲得された文法のうち，それぞれの話者が生得的に備えていたと想定される普遍的原理とはいかなるものであるのかを明らかにしてくれるものではない．というのは，(3) に掲げたような変形規則がそのままの形で生得的な普遍的原理を成しているとは考えにくいからである．そこで必要とされるのは，これらの個々の変形規則から UG に属すると思われる普遍的特性を抽出する作業である．この観点から，(1) の問いを考察すれば，変形規則にはその操作に関して，以下の三種類が存在すると考えられる．

(4) a. Move α (= Move anything anywhere)
  b. Insert α (= Insert anything anywhere)
  c. Delete α (= Delete anything)

これらの規則は，(2) の問いにおいて問題となる変形規則に関わる条件に関して何の縛りもないものとして定式化されている．すなわち，(4a) は「ある要素 α をそれが何であれ，あるどこか任意の場所へ移動せよ」ということであり，(4b) は「ある要素 α をそれが何であれ，あるどこか任意の場所へ挿入せよ」ということであり，また，(4c) は「ある要素 α をそれが何であれ削除せよ」ということである．これは，個々の変形規則から普遍的特性を抽出する作業において，上の (1) の問いを (2) の問いから独立した問いと見なし，純粋にその操作の種類に焦点を当てた結果得られた普遍的・一般

的規則である．しかし，当然のことながら，変形規則が (4) に掲げる規則に収斂したものとして，無条件に適用するものとすれば，その結果は明らかに無秩序な文法体系となり，UG の体を成さないことになってしまう．そこで，(1) の問いと平行して (2) の問いを UG の観点から考察し，(4) に掲げられた一般的規則と共に，それに適用する普遍的・一般的条件を抽出することが必要とされる．

　このような一般的条件については，例えば，変形規則の構造依存性の特性として「変形規則は構成素に適用せよ」という一般的条件が働いていることが知られているが，この条件に従えば，(4) の規則において α は構成素でなければならないことになる．また，「変形規則は下のサイクルから順番に適用せよ」という厳密循環条件や，移動規則の境界性の条件としての A の上の A 原理なども変形規則に適用する一般的条件と見なすことができる．このようにして，(4) に掲げられた一般的規則に一般的条件を課すことによって，結果として，少なくとも個別に変形規則を仮定していた場合と同様の記述的妥当性を確保することを狙いとしている．

　このように生成文法は，UG の観点から，個別の変形規則から一般的規則・条件へと進化してきたのであるが，ここで，(3) にあげた個々の変形規則がこの流れの中でどのように捉え直されていったのかを簡単に述べておくことにする．説明の便宜上，(3b) の挿入規則と (3c) の削除規則を最初に説明し，(3a) の移動規則は最後に回す．まず，挿入規則であるが，この規則に関しては Insert α という操作自体の動機づけがほとんどなくなったと言ってよい．というのは，(3b) に掲げられた挿入規則のすべてが，深層構造の段階で導入されると考えても，新たな UG のモデルにおいては，ほとんど影響がないと考えられたからである．したがって，ここで挿入規則というもの自体が全く存在しないと断言しても構わないと思われるが，強いてその存在理由を挙げるとすれば，それは深層構造の特性に関わってくる．深層構造の元々の機能は，当該文の純粋な意味関係を表すことにあるが，この観点からすると，それ自体何ら意味内容を持たない要素は，深層構造から除外されると考えるのは自然なことである．そうすると，意味内容を持つ否定辞 not や受動相を表す be -en および受動文の動作主を表す by は，深層構造に

おいて導入されるものと考えられるが，冗語的 it や there，また N とその補部である DP の間に存在する of，そして疑問文や否定文において現れる do などは深層構造には存在しないと考えるのが妥当である．この仮定に従えば，これらの要素は，純粋に統語的要請によって変形部門において挿入されることとなる．ここでは，この仮定に立ち，冗語的 it や there，そして N とその補部である DP の間に存在する of は，前章で述べた通り，表層構造に至るまでの間に挿入されるものとする．do 挿入については，T に位置する Pres や Past の接辞を支えるという働きから，その挿入は，統語部門ではなく，表層構造から音解釈のために音韻部門に送られる途中に存在すると仮定された，語の内部構造を扱う形態部門の規則として扱われるのが現在では普通である．挿入規則については，これ以上深く立ち入ることはしない．

次に，削除規則であるが，この規則は文法モデルの変遷に伴ってその扱い方が変わってきた．例えば，VP 削除規則について，今ここで仮定している文法モデルでは，この規則を深層構造と表層構造の間で適用する削除規則という位置付けをするのは不可能である．VP 削除規則は，例えば，(5a) の Bill will の部分を (5b) のような仕方で派生するのに関わっているとされた（以下の図式で，DS は深層構造，SS は表層構造を表す）．

(5) a. John will see Mary, and Bill will too.
  b. DS: Bill will see Mary
      ↓ by VP-Deletion
   SS: Bill will

しかしこのやり方が可能だったのは，意味解釈規則が深層構造において適用するといういわゆる Chomsky (1965) の標準理論 (Standard Theory) の文法モデルにおいてである．すなわち，Bill will の深層構造は (5b) に掲げるように Bill will see Mary であり，この構造に意味解釈規則を適用することで，Bill will の正しい意味が捉えられ，さらにこの深層構造に VP 削除規則を適用して，Bill will という表層構造が得られ，これに音解釈を施すことによって，[Bill will see Mary] という意味が，/Bill will/ という音連鎖に結び付いていることを正しく捉えることができた．しかし，このような標

準理論の文法モデルは拡大標準理論（Extended Standard Theory）のモデルへと移行し，後者のモデルにおいては，意味解釈規則はすべて表層構造もしくは LF において成されることとなった．このモデルにおいては，(5b) の派生では Bill will の部分の音と意味の関係を正しく捉えることはできない．というのは，表層構造で意味解釈するにも，VP が削除されることによって，その部分の意味内容が失われてしまっているからである．こういう事情から，削除規則は，深層構造から表層構造の間の変形部門で適用するのではなく，表層構造から音韻部門に送られる過程において適用されるものと位置づけられている．そうすれば，例えば，(5a) の Bill will の表層構造は，深層構造と同じ Bill will see Mary ということになり，正しい意味解釈を施すことができるようになる．ただし，この削除規則を (4c) のように単に Delete α のように無条件の形で定式化すれば，無節操な適用を許し，意味と音との秩序だった関係が崩壊してしまうことは明らかである．(5a) において，VP が削除可能なのは，この VP と同じ意味内容を持つ VP が前に出てきているからであることは明白である．このことから，Delete α には，「**削除の復元可能性**」（**recoverability of deletion**）という一般的条件が働くものとされている．

　以上の理由から，挿入規則と削除規則は統語部門で働く主要な変形規則とは見なされなくなり，移動規則がその中心的な役割を担うようになってきた．したがって，普遍文法の解明を目標とする観点から，生成文法では，深層構造から表層構造を派生するのに適用される変形規則として，もっぱら Move α を扱い，それに適用する一般的条件を明らかにすることに主眼が置かれた．

　そこで移動規則の話に移るが，この中には変形規則としての地位を失ったものが二つ存在する．一つは，接辞付加規則（Affix Hopping）で，これは T の位置に出てくる Pres や Past などの接辞をその下の動詞にくっ付ける操作であるが，この規則は，do 挿入規則と共に，現在では統語部門の規則ではなく，形態部門での規則として扱われるのが普通である．もう一つ変形規則としての地位を失った規則は，受動変形規則の中の主語後置規則である．この規則は，深層構造で主語の位置にあった NP を目的語の後ろに移

動する規則であるが，今では by を伴って，その目的語の後ろの位置に基底生成される分析に取って代わられた．例えば，(6a) の受動文の深層構造は概略 (6b) のようになる．

(6) a. John was kissed by Mary.
    b.

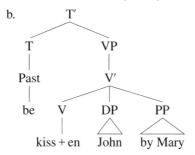

kiss の語彙指定は，(6a) に対応する能動文である Mary kissed John を考えれば，以下のようになるはずであるが，

(7) *kiss*: V, (<u>Agent</u>, Theme), [___ DP]

(6b) では，kiss の Theme である John はその補部の位置に正しく生成されているが，外項である Agent が kiss の指定部の位置ではなくその補部の位置に by を伴って現れている．これは，受動文にのみ可能な特殊な投射の仕方であるが，これは，-en という受動形態素が動詞にくっ付くことによってその動詞本来の投射の仕方に変更を加えていると見なすことができる．このことについては，後に詳しく触れるところがある．さて，(6b) の構造から Move α を John に適用し，TP の指定部に移動させることによって，(6a) の表層構造が得られる．したがって，受動変形規則のうち，目的語前置規則は，現在では Move α によって動詞の補部にある DP が TP 指定部へ移動したケースと捉えられている．ここで一つ疑問が沸き上がってくると思うが，それはなぜ受動変形規則の主語後置規則は姿を消したのに対して，目的語前置規則は Move α の一ケースとして存続しているのかということである．これには，移動規則に対する以下のような一般的条件が関わっている．

第 3 章　Move α 理論

(8)　痕跡はその先行詞によって c 統御されなければならない．

この一般的条件によって，移動は構造上を上昇するものは許されるが，反対に下降するものは許されないことになる．すなわち，上昇移動であれば，その移動によって残された痕跡はその先行詞によって c 統御されるが，下降移動の場合は，c 統御されないからである．そうすると，なぜ受動変形規則のうち主語後置規則が消滅したかが理解できる．というのは，この移動は VP の指定部の位置からその補部の位置への下降移動となってしまうからである．

その他に Move α の一ケースとして扱われている規則として，主語繰り上げ規則（Subject Raising）を挙げることができる．この規則は，補文の中から DP が主文の TP の指定部の位置へ移動したものと捉え直されている．

【問題 1】　以下の文の深層構造を樹形図を用いて表したうえで，派生を簡単に示せ．

(9)　John seems to be honest.

この主語繰り上げ規則と，上で述べた受動文でのいわゆる目的語の移動規則は，どちらも TP の指定部への移動である点において共通している．前章で，John kissed Mary のような文において，VP 指定部の位置に生成された John が，EPP を満たすために TP の指定部に移動することを述べたが，主語繰り上げ規則も受動文での目的語移動規則も同様に EPP を満たすために TP の指定部に移動していると考えられる．しかしながら，もしこれらの移動が Move α の適用によって EPP を満たすための移動であるという特徴づけを行った場合，一つ重要な問題は，どの DP を移動対象とするのかということである．言い換えれば，今問題にしている移動規則は，Move α が言う "Move anything anywhere" のうち，行き先については EPP が保証しているが，"anything" に相当する移動対象がいかなる条件によっても未だ保証されていないということである．後にこれらの移動は，DP に必要な格（Case）を手に入れるための移動であることを述べる．すなわち，今問題に

している規則は，元の位置に留まれば格を手に入れられない DP が格を手に入れられる位置に移動するためのものである．この考え方に立つと，EPP を満たすというのは移動そのものの目的ではなく，たまたま格を手に入れられる位置とこの原理を満たす位置とが一致したものということになる．こういうわけで，これらの移動を，便宜上，「格移動」と名付けておく．前章で，the enemy's destruction of the city の the enemy が NP の指定部から DP の指定部へ移動することを述べたが，この移動も格移動の一ケースである．

これに対して，WH 移動規則と話題化変形規則は，Move α の一ケースであるという意味においては，格移動と同類であるが，格を手に入れるための移動ではないという点において異なっている．前章で，wh 句を含む疑問文では，wh 句が CP の指定部へ移動することを述べた．wh 句はその固有の特性として作用域 (scope) を取る要素であることから，wh 句の CP 指定部への移動は，wh 句の作用域を表すための移動と言うことができる．通常，作用域を取る要素を操作詞 (operator) と呼ぶことから，このような移動を「操作詞移動」と呼ぶ．話題化変形規則も，この操作詞移動の一ケースである．したがって，(10a) の文の Mary は，(10b) に示された通り，wh 句の場合と同様，CP の指定部へ移動したと仮定する．

(10) a. Mary, John likes.
b. [$_{CP}$ Mary [$_{TP}$ John likes t]]

最後に残っているのが，主語-Aux 倒置規則 (Subject-Aux Inversion, SAI) であるが，この規則についてはすでにに前章で「主要部から主要部への移動」のケースとして T の要素がすぐ上の C へ移動したものであることを述べた．この「主要部から主要部への移動」については，これ以上深く立ち入ることはしない．したがって，以下詳細に述べるのは，操作詞移動と格移動についてである．

2. 操作詞移動

　操作詞移動は，上でも述べたように，移動する句の作用域を示すための CP 指定部への移動と見なすことができる．現段階では一応暫定的に，作用域を明示するための移動はすべて CP 指定部へ移動するものとする．このような移動の具体例としては，wh 句の移動と話題化のための移動と大きく二種類考えられるが，wh 句の移動には疑問節を形成するものと関係節を形成するものとがあり，ここでは以下に示す通り，三種類を考察の対象とする．

(11) a. Who did you see *t* yesterday?
　　 b. the man who I saw *t* yesterday
　　 c. John, I saw *t* yesterday.

　さて，Move *α* の精神に基づけば，移動の対象となる句やその移動先は原則的に自由であるが，他の様々な条件や要因により，結果的には移動対象や移動先は制限されることとなる．wh 句の場合は，その固有の性質上作用域を取る表現であることから，その移動は CP の指定部への移動でなければならない．この点において，(11a) のように疑問節を形成する場合も (11b) のように関係節を形成する場合も，wh 句の移動に関して違いはない．ただ違いは，疑問節を形成する場合にはいわゆる SAI が伴うこと，また，関係節を形成する場合は，その節が DP を修飾し，wh 句が関係代名詞としてその DP を指し示す働きをしているということである．

　しかしここで一つ問題となるのは，ある与えられた構造に CP の指定部が複数個存在する場合，wh 句がどの CP 指定部に移動するのかについて何か制限が働くのかということである．(11a) のように，埋め込み節が存在せず，唯一主節に CP 指定部が存在する場合は，wh 句はこの CP 指定部に移動し，文全体が疑問文と解釈される．これに対して，埋め込み節が加わった以下のデータを考察してみよう．

(12) a. Who do you believe (that) Mary saw *t*?
　　 b. *Do you believe who Mary saw *t*?

(13) a. *Who do you wonder (that) Mary saw *t*?
　　 b. 　Do you wonder who Mary saw *t*?

(12) が示しているのは，wh 句である who を主節の CP 指定部に移動すると文法的文が得られるが，who を believe の埋め込み節の CP 指定部に移動すると非文法的文が得られるということである．これに対して，(13) が示しているのは逆の状況で，who を主節の CP 指定部に移動すると非文法的文が得られるが，who を wonder の埋め込み節の CP 指定部に移動すると文法的文が得られるということである．これは，節を補部に取る動詞の「選択制限」(selectional restriction) によるものである．すなわち，believe はその補部に平叙節に対応する主題を選択するのに対して，wonder はその補部に疑問節に対応する主題を選択するためである．平叙節に対応する主題を Proposition，そして疑問節に対応する主題を Question と名付けると，believe と wonder の語彙指定は以下のようになる．

(14) a. *believe*: V, (Exp, Proposition) [＿＿ CP]
　　 b. *wonder*: V, (Exp, Question) [＿＿ CP]

これによって，(12b) が非文法的なのは，who が believe の補部の CP 指定部に収まると，この CP が疑問節と見なされ，(14a) の語彙指定に合致しないためである．これに対して，(12a) では，believe の補部の CP は (14a) の語彙指定に合致し，また，who が主節の CP 指定部に移動したため，文全体が疑問文と解釈される．次に，(13a) が非文法的なのは，(13b) のように wonder の補部の CP 指定部に who が収まらないと，この CP が疑問節とは見なされず，(14b) の語彙指定に合致しないためである．このように，wh 句がどの CP 指定部に移動するかについては，節を補部に取る動詞の選択制限の影響を受ける．(12)，(13) で示したのは，疑問節を形成する場合の wh 移動に関してであったが，関係節を形成する場合も，以下に示す通り，同様の選択制限を被る．

(15) a. 　the man who you believe (that) Mary saw *t*
　　 b. *the man you believe who Mary saw *t*

(16) a. *the man who you wonder (that) Mary saw t
   b. *the man you wonder who Mary saw t

　(15b)と（16a）の非文法性は，（14）に掲げる選択制限に対する違反として捉えることができる．（13b）と異なり，（16b）が非文法的となっているのは，関係節における wh 句にある制限が働くためである．それは，wh 句が先行詞を指し示す関係代名詞として機能するためには，関係節全体に相当する CP の指定部に移動しなければならないということである．ここで関係代名詞の省略という現象を脇に置き，常に関係代名詞が生起するものと仮定すると，（16b）の非文法性は，（15a）と異なり関係代名詞が存在しないという事実に帰せられることになる．（なお，後に関係代名詞の省略という現象を扱うが，そこで（16b）の非文法性を改めて問題にする．）そうすると，（15b）の非文法性は，（14a）の選択制限違反のみならず，関係節全体の CP 指定部に位置し，関係節を率いる wh 句が存在しないことにも帰せられることに着目してほしい．

　以上，wh 句に関して，その操作詞としての内在的特徴から CP 指定部に移動すること，また，CP 指定部が複数存在する場合は，節を補部に取る動詞の語彙選択によって，その移動場所が制限されること，また，関係節においては関係代名詞の働きをする wh 句が関係節全体に相当する CP の指定部に移動しなければならないことを見てきた．このような様々な条件により，wh 句に Move α を適用しても，その移動先は結果的に制限されることとなる．

　次に，（11c）に例証されている話題化の現象であるが，Move α の精神に基づけば，「どんな句でも Move α を適用し，好きなところに移動して構わない」が，話題化に関する意味解釈条件により，結局，話題化の解釈を受けうる句が正しい場所に移動した場合のみ，正しい意味解釈を受けることができるということになる．話題化の解釈の適用を受けうる句は，（11c）にあるように，DP のみならず，以下に示す通り，PP，CP，VP，AP と多岐にわたる．

(17) a. [$_{PP}$ To John], I talked yesterday.

    b. [CP That John had won the race], Mary knew.
    c. They said that Tom would pay up, and [VP pay up] he did.
    d. [AP Proud of him], I've never been.

このことから，いかなる句も原則的には話題化の解釈を受けうると結論できそうである（例外とされるのが TP で，例えば，(17b) に対して，*[TP John had won the race], Mary knew that は非文法的である．これには，ある統語的制約が働いていると言われる）．そして，話題化の解釈を受けるのに適切な移動先は，ここでの仮定では CP の指定部であり，それも通常は文全体に相当する CP の指定部である．ここに移動した句が文全体の「話題」として機能することになる．このように，移動操作自体は自由であるが，話題化の解釈条件が働くために，結果的に，移動先が限定されることとなる．

2.1. 下接の条件

次に Move α に働く境界性 (boundedness) 条件の問題に話を移す．移動規則は，以下に示す通り，原理的に無制限に遠くまで適用可能である．

(18) a. Who does John think that Mary saw t?
    b. Who does John think that Bill said that Mary saw t?
    c. Who does John think that Bill said that ... that Mary saw t?

(18a) から (18b)，そして (18c) へと見ていくと，埋め込み節が一つずつ増えているのがわかるが，(18c) の ... の部分に that 節を補えば補うほど，文はそれだけ長くなり，無限に長くなり得ることを示唆している．それに伴って，who の移動も原理的にどこまでも遠くへ移動可能であると考えられている．しかし一方で，移動によって抜け出すことができない島 (island) と呼ばれる境界が存在することが知られている．例えば，(20) に示す複合名詞句島制約 (Complex NP Island Constraint) や (22) に示す文主語島制約 (Sentential Subject Island Constraint) が存在する．

(19) a. He read the book which interested the boy.
    b. He believed the claim that John tricked the boy.

(20) a. *Who did he read [the book which interested *t*]?
　　 b. *Who did he believe [the claim that John tricked *t*]?

(Chomsky (1968: 50-51))

(21) a.　For him to understand this lecture is difficult.
　　 b.　That John bought the book surprised Mary.

(22) a. *What is [for him to understand *t*] difficult?

(Chomsky (1968: 50))

　　 b. *What did [that John bought *t*] surprise Mary?

(20a, b) の疑問文は，それに対応する (19a, b) の平叙文の the boy を who に置き換えて文頭に移動したものであるが，これらの文では the book および the claim 以下の DP が複合名詞句を成し，who がこの島から抜き出されたために複合名詞句島制約に違反したものである．また，(22a, b) の疑問文は，それに対応する (21a, b) の平叙文の this lecture と the book を what に置き換えて文頭に移動したものであるが，これらの文では文主語から what が抜き出されたために文主語島制約に違反したものである．ちなみに，この後者の島制約に関しては，もともと Ross が提案したものであるが，以下に示す通り，文主語に限らずいかなる主語も島を成すことが Chomsky (1973) によって主張されている．

(23) a.　Stories about the boy terrified John.
　　 b. *Who did [stories about *t*] terrify John?

(Chomsky (1973 / 1977a: 106))

さらに，これらの島の制約は，wh 疑問文の wh 句移動に限らず，関係節形成に関わる wh 句移動や話題化のための移動規則など，あらゆる種類の移動規則に適用すると仮定されている．(24) と (25) が関係節形成に関わる wh 句移動の例で，この移動が (24) では複合名詞句島制約に従うことを示し，(25) では文主語島制約およびより一般的に言えば「主語島制約」に従うことを示している．同様に，(26) では話題化形成に関わる移動が複合名詞句島制約に従うこと，そして (27) では主語島制約に従うことがそれぞれ示さ

れている.

(24) a. *the boy [who he read the book which interested *t*]
b. *the boy [who he believed the claim that John tricked *t*]

(Chomsky (1968: 50))

(25) a. *a lecture [which for him to understand *t* is difficult]

(ibid.: 50)

b. *the book [which that John bought *t* surprised Mary]
c. *the boy [who stories about *t* terrified John]

(26) a. *The boy, he read the book which interested *t*.
b. *The boy, he believed the claim that John tricked *t*.

(27) a. *This lecture, it seems that for him to understand *t* is difficult.
b. *The book, it seems that that John bought *t* surprised Mary.
c. *The boy, it seems that stories about *t* terrified John.

Chomsky (1968) では,「なぜ複合名詞句や主語が島を成すのか」という疑問に答えるべく,「**A の上の A 原理**」(**A-over-A Principle**) という一般的原理が提案された. この原理は, 範疇 A に属する要素 X_1 の中にそれと同じ範疇 A に属する要素 X_2 が存在する場合, X_2 を X_1 の領域から抜き出してはならないというものである. この原理を上で述べた島の制約が働いているケースに当てはめると, そこで抜き出しの対象となっていたのは, 名詞句である. したがって, A の上の A 原理がこのケースについて禁じているのは, 以下の統語環境において,

(28) DP_1
△
... DP_2 ...

DP_2 を DP_1 から抜き出すことである. これによって, なぜ複合名詞句が結果的に島を成すことになるのか説明することができる. すなわち, 複合名詞句島制約に違反した移動というのは, (28) において DP_2 に当たる名詞句が複合名詞句に当たる DP_1 を越えて抜き出されたものだからである. また,

主語島制約のうち，(23b) や (25c) や (27c) のように主語 DP の中から別の DP を抜き出したケースも，A の上の A 原理違反として簡単に説明できる．

残るは，(22a, b) や (25a, b) や (27a, b) のような文主語から DP が抜き出されたケースであるが，これについては，Chomsky (1968) がこの原理を提案していた当時，生成文法家の間で広く採用されていた「主語の位置を一律 NP とする」という仮定を援用することによって，説明することができる．この仮定を現行の枠組みで言い直せば，「TP の指定部に生起するのは一律 DP とする」ということになる．これは，別の言い方をすれば，前章で述べた EPP が要求するところの「T は指定部に XP を選択する」という条件を「T は指定部に DP を選択する」という条件に置き換えることになる．このように DP に限定するというのは，命題の主語に相当する部分は名詞的であるという考え方に基づいているものと思われる．この仮定に従えば，(22a, b) や (25a, b) や (27a, b) の文主語は，CP の上に DP が存在することとなるが，実際にどのような構造になっているのであろうか．これについては，明確な根拠を持った構造を仮定することはできないが，少なくとも前章で述べた X′ の鋳型に則した構造を取れば，文主語は以下のような構造を持つと考えられる．

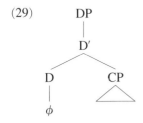

(29)

この構造を仮定すれば，(22a, b) や (25a, b) や (27a, b) において，Move α の適用を受ける DP は文主語全体の DP に含まれており，この後者の DP を飛び越えて移動するのは，A の上の A 原理に違反することになる．かくして，文主語島制約はこの原理から導き出されることになる．

ここでは，島の制約を導き出すための一般的原理である A の上の A 原理

の問題点を指摘した上で，代案としてチョムスキーによって後に提案されたより一般的原理を紹介する．まずもって挙げられる A の上の A 原理の問題点は，抜き出される句の範疇が DP 以外の場合に生じる．この原理によれば，抜き出される句の範疇が例えば PP の場合，この句は複合名詞句や主語名詞句の中から抜き出しが可能なはずである．しかしながら，事実は，移動する句の範疇が何であれ，複合名詞句や主語名詞句からの抜き出しは不可能である．以下に，PP の抜き出しの例を挙げるが，いずれも DP の抜き出しの場合と同様のパターンを示している．

(30) a. *To whom did he read [the book which John recommended *t*]?
 b. *With whom did he believe [the claim that John fought *t*]?

(31) a. *To whom is [for him to talk *t*] difficult?
 b. *To whom did [that John talked *t*] surprise Mary?
 c. *About who did [stories *t*] terrify John?

(32) a. *the boy [to whom he read the book which John recommended *t*]
 b. *the boy [with whom he believed the claim that John fought *t*]

(33) a. *the teacher [to whom for him to talk *t* is difficult]
 b. *the teacher [to whom that John talked *t* surprised Mary]
 c. *the boy [about who stories *t* terrified John]

(34) a. *To the boy, he read the book which John recommended *t*.
 b. *With the boy, he believed the claim that John fought *t*.

(35) a. *To the teacher, it seems that for him to talk *t* is difficult.
 b. *To the teacher, it seems that that John talked *t* surprised Mary.
 c. *About the boy, it seems that stories *t* terrified John.

A の上の A 原理の第二番目の問題点は，この原理がそれまでその存在が主張されていた島の制約のすべてを説明できるわけではないということである．これまで，島制約の事例として複合名詞句島制約と主語島制約の二種類しか考察してこなかったが，この他にも，例えば，wh 節が島を成すとする **Wh 島制約**（***Wh*-Island Constraint**）が存在することが知られている．以

下にその例を掲げる．

(36) a. John knows [what books to give t to the boy].
　　 b. John knows [to whom to give these books t].
(37) a. *To whom$_1$ does John know [what books$_2$ to give t_2 t_1]?
　　 b. *What books$_1$ does John know [to whom$_2$ to give t_1 t_2]?
(38) a. *Who do you think that Mary wonders [when I saw t]?
　　 b. *the man who I think that Mary wonders [when I saw t].
　　 c. *John, I think that Mary wonders [when I saw t].

(37a) と (37b) の文は，(36a) と (36b) 文の to the boy と these books を to whom と what books にそれぞれ置き換え，それらの句を文頭に移動してできた文である．これらの文の非文法性は，かっこでくくった wh 節が島を成すにもかかわらず，別の wh 句をその島から抜き出して文頭に移動したためと従来説明されていた．(38) の例は，この Wh 島制約が疑問文を形成する wh 移動のみならず，関係節形成のための wh 移動や話題化を形成するための移動にも適用することを示している．この Wh 島制約が A の上の A 原理からは導き出され得ないことに着目してほしい．この点において，この原理はその適用範囲において限界を示していると言える．

　これらの問題を受けて，チョムスキーが新たに考案した一般的原理は，**「下接の条件」**（**Subjacency Condition**）と呼ばれる．この条件は，あるタイプの範疇を境界と定め，その境界を一つまたいで隣に移動は可能であるが，その境界を二つ以上越えることはできないとするものである．この境界の役割を果たすものは循環節点（cyclic node）または境界節点（bounding node）と呼ばれ（節点とは，構造を樹形図で表示したときの枝分かれの結節点を意味する），変形規則が適用する領域であるサイクルがこれに相当する．したがって，節と名詞句が循環節点に対応する．節に関しては，循環節点を S にするか S' にするかで議論があったが，ここでは，この問題に立ち入ることはせず，Chomsky (1977b) に従って，S を循環節点と見なす．そうすると，現行の句構造システムでは TP と DP が循環節点ということになる．これに基づいて，下接の条件は以下のように定式化できる．

(39) 以下の構造において，Y は X の位置に移動できない．
... X ... [$_\alpha$ ... [$_\beta$ ... Y ...] ...] ... X ...
この構造において，α と β は循環節点（すなわち，TP か DP）である．

さて，この下接の条件によって，上で述べた島制約に違反する例を統一的に説明できるかどうかを次に見る必要があるが，その前に，この条件が上の(18)で例証したように，「移動は原理的に無制限に遠くまで適用可能である」という特性をどうやって担保するのかを述べておく必要がある．というのは，下接の条件は，(39) の定式化から明らかなように，循環節点を尺度として「遠くまで移動してはならない」ことを述べているからである．実際，例えば，(18a, b)（以下 (40) に再掲）において who の移動は (39) の下接の条件に違反している．

(40) a. Who does John think that Mary saw *t*?
b. Who does John think that Bill said that Mary saw *t*?

【問題2】 (40a, b) のそれぞれの文において，who の移動は循環節点をいくつ越えているか．

この問題に対してチョムスキーによって編み出された解決法は，現行の句構造システムに基づいて言えば，「CP 指定部が脱出口（escape hatch）として働く」とするものであった．すなわち，(40) の例では，who が一度に文頭の CP 指定部まで移動すれば下接の条件違反になるが，その移動途中に存在する CP の指定部が空であることから，以下に示す通り，who がそこに立ち寄ることができるとすれば，一回一回の移動は下接の条件に違反しないこととなる．

(41) a. [$_{CP}$ who does [$_{TP}$ John think [$_{CP}$ *t'* that [$_{TP}$ Mary saw *t*]]]]
b. [$_{CP}$ who does [$_{TP}$ John think [$_{CP}$ *t''* that [$_{TP}$ Bill said [$_{CP}$ *t'* that [$_{TP}$ Mary saw *t*]]]]]]

このように，CP ごとにその指定部に立ち寄りながら移動することを「**順次循環移動**」(**successive-cyclic movement**) と呼ぶ．このお膳立てによって，いよいよ，下接の条件が上で述べた島制約に違反する例をいかに統一的に説明できるかを考察することができる．

【問題3】 複合名詞句島制約，主語島制約および Wh 島制約が働いていることを示す (20), (22), (23b), (37) の例文が，下接の条件によって統一的に説明できることを示せ．

この下接の条件は，A の上の A 原理と比較すると，上で指摘した後者の二つの問題点を克服している点で優れている．すなわち，この条件は，移動する句が DP であれ PP であれ何であれ，一律にその移動を規制している点，そして，【問題3】で示された通り，Wh 島制約の効力も取り込める点において，A の上の A 原理より優れていると言える．

しかしながら，この下接の条件にも，一見すると問題となりそうなケースが存在する．それは，以下の例に示すような，動詞の補部に生起する名詞句内からの移動のケースである．

(42) a.　Who did John write [a book about t]?
　　 b.　Who did you see [a picture of t]?

これらの文は，(39) に定式化された下接の条件に違反する．というのは，who がその痕跡の位置から文頭の CP 指定部に移動するのに，循環節点 DP と TP を越えているからである．ちなみに，いわゆる主語内からの移動が関わる (23b) の非文法性は，まさに who が DP と TP を越えたがゆえに，下接の条件違反として説明された．

しかしながら，(42) の文法性が問題となるのは，痕跡を含む PP である about t と of t が DP 内にあるという前提が正しい限りにおいてであることに注目してほしい．もし，これらの PP が DP の外に位置しているのであれば，その PP 内からの who の移動は TP のみを越えることとなり，下接の条件には違反しないこととなる．Chomsky (1977b) では，この推論を裏付

ける証拠が提示されている．まず，(42a) に関してであるが，以下のデータは，write の語彙指定として，その補部に DP-PP という連鎖を許すことを示唆している．

(43) a. John wrote it about Nixon.
     b. A book was written t about Nixon by John.
     c. What did John write t about Nixon?

(Chomsky (1977b: 113-114))

(43a) に関して，it のような代名詞は独立して DP の範疇を持つと仮定されるのが通例であるが，この仮定からすると，(43a) は，it と about Nixon がそれぞれ別個の構成素であることを示している．また，(43b, c) に関しては，Move α の適用対象となるのは構成素でなければならないという条件下では，(43b) の a book と (43c) の what はそれ自体で独立した構成素を成さねばならず，したがって，about Nixon とは切り離されていることを示している．

このように，(42a) の文法性が，動詞の語彙指定により，その補部に DP-PP という連鎖を許すことから説明されるとすれば，逆に，このような語彙指定を持たない動詞では，(42) に相当するような wh 句の抜き出しは，下接の条件により非文法的であることが予測される．実際，Chomsky (1977b) では，以下に掲げるように，この予測が正しいことを示すデータがあると主張されている．

(44) a. John destroyed a book about Nixon.
     b. *Who did John destroy a book about t?
(45) a. *John destroyed it about Nixon.
     b. *A book was destroyed t about Nixon by John.
     c. *What did John destroy t about Nixon?

(Chomsky (1977b: 114))

(44a) の a book を it に置き換えた (45a) が非文法的であること，そして，(45b, c) において，a book と what が about Nixon を後に残して単独で移

動できないことは，destroy がその補部に DP-PP という連鎖を選択しないことを示している．したがって，(44b) では，a book about t 全体で DP を成すこととなり，この文の非文法性は，who が循環節点 DP と TP を越えることによって下接の条件に違反するためと説明することができる．

次に (42b) の see の場合であるが，see は write や destroy とは異なり，いささか込み入ったパターンを示す．

(46) a. *He saw it of John.
　　 b. What picture did he see of John?
　　 c. A picture was seen of John.

(Chomsky (1977b: 114-115))

(46a) の非文法性が，destroy と同様，see がその補部に DP-PP という連鎖を選択しないことを示す一方，(46b, c) の文法性は，write と同じパターンを示し，DP-PP という連鎖を選択することを示唆するように思われる．この一見矛盾するように思われるパターンは，(46b, c) の派生を吟味することで解決される．Chomsky (1977b) は，まず，see は destroy と同様その補部に DP のみを選択すると仮定している．これによって，(46a) の非文法性を説明できる．さらに，この仮定の下では，(46b, c) の深層構造は概略以下のようになる．

(47) a. he Past see [$_{DP}$ what picture of John]
　　 b. △ be + Past see + en [$_{DP}$ a picture of John]

チョムスキーは，(46b, c) の文を派生するのに，(47a, b) の深層構造にまず**外置**（**Extraposition**）と呼ばれる移動規則を適用することによって of John という PP が，以下に示すように，DP の外側に移動されることを提案している．

(48) a. he Past [$_{VP}$ [$_{VP}$ see [$_{DP}$ what picture t]] [$_{PP}$ of John]]
　　 b. △ be + Past [$_{VP}$ [$_{VP}$ see + en [$_{DP}$ a picture t]] [$_{PP}$ of John]]

外置という操作は，当然のことながら，Move α の一ケースであるが，これ

まで扱ってきた移動規則とは異なり，右側への移動である．また，これに伴って，移動先は，ある句の指定部のように用意された位置というものが右側には存在しないので，付加操作によると考えるのが通例である（ちなみに，CP や TP の指定部といった予め用意された位置への移動を，付加操作と対比して，代入操作（substitution）と呼ぶ）．付加操作は，前節でも述べたように，その付加先は原則として自由である．(48) の表示では，便宜上，of John を VP に付加している．この外置の操作の後に，[$_{DP}$ what picture t] と [$_{DP}$ a picture t] に Move $α$ を適用すれば，(46b, c) を正しく派生できる．

【問題 4】 (42b) の文法性を説明するのに，who の移動が下接の条件を順守した派生を簡単に示せ．

(48) に示した外置という操作は，(42b) の文法性を説明するためだけに考案されたものではなく，独立した動機づけを持つ．例えば，以下の例文において，

(49) a. A picture of the president of the United States was standing on the mantelpiece.
b. [A picture t] was standing on the mantelpiece [of the president of the United States].

(49b) の文は，(49a) と共通の深層構造から主語 DP 内の of the president of the United States を外置することによって派生される．

【問題 5】 以下の文の文法性を，その派生を簡単に示しながら，下接の条件を使って説明せよ．

(50) a. *Who was [a picture of t] standing on the mantelpiece?
b. Of whom was [a picture t] standing on the mantelpiece?

(Chomsky (1977b: 131))

2.2. 空操作詞移動

これまで作用域を取るために CP 指定部に移動する操作詞移動の諸特性，特にこの移動が下接の条件に従うことを示してきたが，本節では，一見すると操作詞が存在しないように見える構文でも，操作詞移動が関わっていることを下接の条件を手掛かりに示していく．まず手始めに，関係節を考察する．良く知られているように，関係節は，以下に示す通り，wh 句によって導かれるのみならず，補文標識の that に導かれたり，はたまた，これらの要素が存在しない場合がある．

(51) a. the book [which I bought t yesterday]
  b. the book [that I bought e yesterday]
  c. the book [I bought e yesterday]

(51b) が that によって導かれた関係節を例証しているが，この that が平叙節を導く補文標識と同一のものであるのか，それとも別個のものであるのかについては議論の余地があるが，ここでは補文標識であると仮定しておく．(51c) が言ってみれば「裸の関係節」を例証している．この (51b, c) において，buy の内項が関係節の先行詞である the book を指し示している点は，(51a) の場合と同様であるが，この関係をいかにして捉えるかが問題である．(51a) と並行的に考えれば，二つの可能性が考えられる．一つは，(51b, c) の深層構造に which が存在し，以下に示す通り，(51a) と同様にこの wh 句が移動し，その後この wh 句が削除されたと分析する仕方である．

(52) a. the book [$_{CP}$ ~~which~~ that [$_{TP}$ I bought t yesterday]]
  b. the book [$_{CP}$ ~~which~~ ϕ [$_{TP}$ I bought t yesterday]]

もう一つの可能性は，削除規則を使う代わりに，wh 句の代替物として発音されない操作詞が移動していると分析する仕方である．この操作詞は**空操作詞**（**null operator**）と呼ばれる．これを OP で表すと，(51b, c) の表層構造は以下のようになる．

(53) a. the book [$_{CP}$ OP that [$_{TP}$ I bought t yesterday]]

b. the book [$_{CP}$ OP ϕ [$_{TP}$ I bought t yesterday]]

この二つの分析のうち，どちらがより望ましいものであるかは，一概に結論づけることはできないが，ここでは最近の傾向に従って，後者の空操作詞による分析を採用する．(53a, b) の違いは，C に that が生起しているか，そうでないかであるが，このようなオプションは，平叙節を導く純然たる補文標識 that にも広く見られる現象である．

  (54) a. John thinks [$_{CP}$ (that) [$_{TP}$ he is honest]].
  　　 b. John said [$_{CP}$ (that) [$_{TP}$ he was a genius]].

また，(53b) と (51a) を比較すると，関係節を導く操作詞は，少なくとも英語では，wh 句と空操作詞の二つのオプションがあることがわかる．このように見てくると，補文標識 that が生起するかどうかのオプションと操作詞の種類に関するオプションが与えられれば，論理的には計四通りのパターンが出てくるはずである．しかし，実際には，(51) に掲げる三通りのパターンしか許されず，以下に示した四番目のパターン，すなわち，wh 句が関係節を導き，かつ補文標識 that が生起している場合は非文法的である．

  (55) *the book [$_{CP}$ which that [$_{TP}$ I bought t yesterday]]

これは，Chomsky and Lasnik (1977) によって「**二重占有補文標識フィルター**」(**Doubly-Filled Comp Filter**) と呼ばれる条件によって説明された．このフィルターは，従来では，節を S′ とし，そして S′ が Comp と S に展開され，Comp には，that のような補文標識のみならず，wh 移動規則によって移動した wh 句が位置するという仮定の下，この Comp に顕在する補文標識と wh 句が同時に生起することを禁じたものである．現行の X′ 理論の仮定の下では，C に顕在する補文標識が生起した場合には，その指定部に wh 句が生起できないことを意味している．このような捉え方は，理論的観点からすると，単に言語事実を述べているだけという印象を免れず，その効力がより一般的な条件なり原理から導き出されることが期待される．また，このフィルターは，英語では効力を発揮しているものの，言語によって

は (55) に相当する関係節が容認可能な場合も存在するので，このフィルターが原理・パラメターのモデルにおいてどのような原理として定式化され，またそれに付随するパラメターがいかなるものであるのかという問題が当然俎上に載る．これらの問題は重要ではあるが，ここではこれ以上掘り下げて考察することはしない．

さて，(53) の空操作詞移動に話を戻すと，この分析においては，wh 句に導かれる関係節同様，空操作詞の移動が関わっているので，この分析が正しければ，(51b, c) のようなタイプの関係節においても e で示した空所とその先行詞との関係は下接の条件によって制限されることが予測される．実際この予測は正しく，上で関係節が下接の条件に従うとして掲げた (24)，(25)，(38b) の関係節の例を (51b, c) のタイプの関係節に変えても，以下に示した通り，その文法性は変わらない．

(56) a. *the boy [(that) he read the book which interested e]
b. *the boy [(that) he believed the claim that John tricked e]
(57) a. *a lecture [(that) for him to understand e is difficult]
b. *the book [(that) that John bought e surprised Mary]
c. *the boy [(that) stories about e terrified John]
(58) *the man [(that) I think that Mary wonders when I saw e]

これらのデータの非文法性は，e で示した空所の位置に空操作詞が深層構造で存在し，そこから空操作詞が関係節の先頭の CP 指定部まで移動することによって派生されるとすれば，下接の条件によって説明することができる．

Chomsky (1977b) は，一見すると移動が関わっていないように思われる構文にも，wh 移動が関わっているものがあることを指摘している．例えば，以下の比較構文を考察しよう．

(59) Mary isn't the same as [she was five years ago].

この構文には，一見すると何ら移動が関わっているようには見えないが，as の後のかっこでくくった部分では，以下に示すように，下接の条件に従っているような統語的振る舞いを示す．

(60) a. Mary isn't the same as [John believes that Bill claimed that she was five years ago].
　　b. *Mary isn't the same as [John believes Bill's claim that she was five years ago].
　　c. *Mary isn't the same as [I wonder whether she was five years ago].

(Chomsky (1977b: 87))

(60a) が示しているのは，she was five years ago の部分が CP 指定部に「脱出口」を提供するような that 節に埋め込まれている限りにおいては，文法的であるということである．これに対して，(60b) では she was five years ago の部分が複合名詞句の中に埋め込まれ，また，(60c) では whether 以下の疑問節に埋め込まれている．これらの文の非文法性は，かっこでくくった部分で移動が関与しているとすれば，下接の条件によって容易に説明がつく．Chomsky (1977b) は，英語のいくつかの方言で，(59) の比較構文を what を加えた以下のような言い方で表せることから，

(61)　Mary isn't the same as [what she was *t* five years ago].

(59) 自体にも wh 移動が関わり，その後 wh 句が削除されるという分析を提案している．この提案を現行の空操作詞による分析で捉え直せば，(59) は概略以下のような表層構造を持つこととなる．

(62)　Mary isn't the same as [$_{CP}$ OP [$_{TP}$ she was *t* five years ago]]

この構造において，OP は (61) の what と同じ機能を果たし，深層構造で *t* の位置に生成されて，作用域を取るために as 以下の CP の指定部に移動している．こう仮定することによって，(60) の文の文法性を下接の条件によって説明することができる．

【問題 6】 (60) のそれぞれの文の派生を簡単に示し，その派生に関わる移動が下接の条件に従っているかどうかを説明せよ．

Chomsky (1977b) は，また，以下に示すいわゆる it ... that の強調構文（これを分裂文 (cleft sentence) と呼ぶ）にも wh 移動が関わっていると論じている．

(63)　It is this book that I really like.

その根拠は，これまでと同様，that 以下の節が下接の条件に従っているような振る舞いをしていることである．

(64)　a.　It is this book that I asked Bill to get his students to read.
　　　b.　*It is this book that I accept the argument that John should read.
　　　c.　*It is this book that I wonder who read.

(Chomsky (1977b: 95))

これらの言語事実は，空操作詞の分析に基づいて，(63) が以下の表層構造を持つと仮定することによって説明可能である．

(65)　It is this book [$_{CP}$ OP that [$_{TP}$ I really like t]]

ただし，(64a) については，一言説明が必要である．この文の派生において，OP が read の補部の位置から一挙に that 節の CP 指定部に移動すると，下接の条件に違反することとなってしまう．というのは，この移動は，以下に示す通り，三つの TP を越えることとなるからである．

(66)　*It is this book [$_{CP}$ OP that [$_{TP}$ I asked Bill [$_{TP}$ PRO to get his students [$_{TP}$ PRO to read t]]]]

(64a) の文法性を説明するためには，時制のない to 不定詞節にも，that 節と同様，「脱出口」が存在すると仮定する必要がある．X′ 理論の下では，for DP to VP という不定詞節の連鎖 ((21a) を参照せよ) は，for が C として働き，DP 以下が TP で，この連鎖全体が CP を成すと仮定される．この連鎖においては，C の指定部が空いているので，that 節の場合と同様，移動の「脱出口」として働くことが可能である．これと並行的に，for DP が明

示されない to 不定詞節も空の C が存在し，全体として CP を構成するものと仮定する．

> 【問題 7】 (64) のそれぞれの文の派生を簡単に示し，その派生に関わる移動が下接の条件に従っているかどうかを説明せよ．

次に，以下に例示した不定関係節を考察する．

(67) I found a book for you to read.

この文では，for you to read の部分が a book を修飾する関係節として働いており，以下の文とほぼ同じ意味を表している．

(68) I found a book that you should read.

Chomsky (1977b) は，以下の例文を挙げ，この不定関係節にも wh 移動が関わっていることを論じている．

(69) a. I found a book for you to arrange for Mary to tell Bill to give to Tom.
b. I found a book for you to insist that Bill should read.
c. I found a book for you to insist that Bill tell Mary that Tom should read.
d. *I found a book for you to insist on the principle that Tom should read.

(Chomsky (1977b: 99))

> 【問題 8】 空操作詞移動による分析を用いて，(69) のそれぞれの文の派生を簡単に示し，その派生に関わる移動が下接の条件に従っているかどうかを説明せよ．

次に，以下に示すような to 不定詞節を導く enough が形容詞句を修飾す

るケースを考察する.

(70) a. John is tall enough for you to see.
　　 b. The job is important enough for us to offer to John.

これらの文において，enough 以下はそれぞれ形容詞 tall と important を修飾し，for 以下の to 不定詞節は enough の程度を表している．したがって，例えば，(70a) は「ジョンはあなたに見える程に背が高い」という意味を持つ．これらの文において着目すべき点は，主語の John と the job がそれぞれ形容詞 tall と important の外項の働きをしているのみならず，John は see の内項，そして the job は offer の内項としても働いていることである．この事実をどのように捉えることができるであろうか．Chomsky (1977b) は，これらの構文に対して，これまでの例と同様，wh 移動による分析を施しているが，ここで仮定している空操作詞による分析を用いて捉え直せば，(70a) は以下のような表層構造を持つ．

(71) John is tall enough [$_{CP}$ OP for [$_{TP}$ you to see t]]

この構造が示しているのは，OP が see の補部の位置に基底生成され，そこから作用域を取るために，for 以下の CP の指定部に移動したものである．この構造において，OP が PRO と同様，代名詞としての働きを成していると仮定すると，OP の先行詞は John ということになる．そうすると，この構造は，John が tall の外項のみならず，see の内項としても機能していることを正しく捉えている．この構造において，OP 移動が関わっていることは，以下に示す通り，下接の条件に従った統語的振る舞いを示すことから経験的に動機づけられる．

(72) a. The job is important enough for us to order them to insist that the committee offer to John.
　　 b. *The job is important enough for us to insist on the principle that they should offer to John.

(Chomsky (1977b: 101))

【問題 9】 (72) のそれぞれの文の派生を簡単に示し，その派生に関わる移動が下接の条件に従っているかどうかを説明せよ．また，以下の文の非文法性を下接の条件を用いて説明せよ．

(73) *Who was the job good enough for us to offer to?　　　(ibid.)

(70) に例示した enough 構文と類似した構文として，以下に示した easy 構文を挙げることができる．

(74)　John is easy to please.

この構文もまた，enough 構文の場合と同様，主節の主語が to 不定詞句内の項として働いている．すなわち，(74) において，John は please の内項として機能している．しかしながら，この easy 構文は enough 構文とある点で重要な違いを示している．(70) の例においては，主節の主語が to 不定詞内の内項として働いているのみならず，主節の形容詞句の外項としても働いていたが，(74) においては，John は easy の外項として機能してはいない．このことは，以下の (75a) の非文法性と (75b) および (75c) が (74) と等しい意味を表していることから証拠付けられる．

(75)　a. *John is easy.
　　　b. It is easy to please John.
　　　c. To please John is easy.

そこでまず，(74) の派生を考察する前に，(75b, c) の派生を考察する．これらの文において，to please John と easy の関係は，例えば The job is easy. における the job と easy の関係と同様であると考えられる．したがって，easy の語彙指定は以下のようになるであろう．

(76)　*easy*: A, (Theme)

そうすると，(75c) の文は，easy の外項である to please John が EPP を満たすために TP 指定部に移動することによって派生されると考えることがで

きる.

> 【問題 10】 (75c) の深層構造を樹形図を用いて表し，その派生を簡単に示せ.

これに対して，(75b) では，to please John が TP 指定部に移動する代わりに，it がその位置に挿入されたと考えることができる．しかし，これだけの説明では，(75b) を正しく派生できない．なぜならば，to please John は easy の外項であるために，to please John が easy より前に位置するはずだが，実際にはその逆になっているからである．(75b) の語順を正しく導き出すためには，上で述べた外置の操作を用いる必要がある．すなわち，to please John をこの操作によって右側に移動するのである．

> 【問題 11】 (75b) の派生を簡単に示せ.

この派生において，外置の操作が適用されないと，以下のような非文法的な文が派生されてしまうが，なぜ非文法的なのかについては問題のまま残しておく．

(77) *It is to please John easy.

さて，次にいよいよ (74) の派生を考察する．これまでの議論を踏まえると，この文は，(75b, c) と同一の深層構造から外置の操作を経た後で，John が主節の TP 指定部に移動したと考えるのは，自然なことである．その派生は概略以下に示したようになる．

(78) John$_1$ is [$_{AP}$ [$_{AP}$ t_2 easy] [PRO to please t_1]$_2$]

この派生のうち，John の主節の TP 指定部への移動は，以下に例示した主語繰り上げ規則の派生と類似している．

(79) John seems t' to be t honest.

この二つの派生は，John が to 不定詞節内部から主節の TP 指定部に繰り上がっている点において同じであるが，細かく考察すると，(79) では，John が honest の指定部に基底生成され，to 不定詞節の指定部を経由して，主節に繰り上げられているのに対して，(78) では，John が please の内項として基底生成され，please の外項である PRO が to 不定詞節の指定部をふさいでいるために，主節の TP 指定部には一気に移動しなければならない．次節で，この移動は TP 指定部への移動に課される局所性（locality）条件に違反することを述べる．この局所性条件とは，再帰代名詞や相互代名詞に課せられるのと同じ指定主語条件（Specified Subject Condition，以下 SSC）と時制節条件（Tensed S Condition，以下 TSC）のことである．(78) では，John とその痕跡である t_1 が SSC に違反している．というのは，両者の間に指定主語である PRO が介在しているからである．したがって，(78) の派生は許されないこととなる．実際，この結論を支持するデータが Chomsky (1977b) に挙げられている．それは，easy 構文の to 不定詞節が enough 構文の場合と同様，下接の条件に従っている振る舞いを示すデータである．

(80) a. John is easy (for us) to convince Bill to do business with.
  b. John is easy (for us) to convince Bill that he should meet.
  c. *John is easy (for us) to convince Bill of the need for him to meet.

(Chomsky (1977b: 103-104))

これらの文の文法性は，easy 構文が enough 構文と同様，空操作詞の移動が関わっていると仮定すると容易に説明できる．この空操作詞の分析に基づけば，(74) の派生は概略以下に示したようになる．

(81) John$_1$ is [$_{AP}$ [$_{AP}$ t_2 easy] [$_{CP}$ OP$_1$ [$_{TP}$ PRO to please t_1]]$_2$]

この表層構造において，John の意味役割は，OP を媒介として please の内項の働きをしていると捉えられる．

【問題 12】（80）のそれぞれの文の派生を簡単に示し，その派生に関わる移動が下接の条件に従っているかどうかを説明せよ．

さらに，easy 構文を（81）のように空操作詞が関わるとする分析は，以下のデータからも支持される．

(82) a. Good care seems *t′* to have been taken *t* of the orphans.
   b. Too much seems *t′* to have been made *t* of that suggestion.
(83) a. *Good care is hard to take *t* of the orphans.
   b. *Too much is hard to make *t* of that suggestion.

(Chomsky (1981: 309))

(82a, b) では，慣用表現である take care of と make much of の名詞句の部分が *t* の位置から埋め込み節の TP 指定部を経由して，主節の TP 指定部まで移動することによって派生される．(83) の文の非文法性は，easy 構文 ((83) で使われている述語は hard であるが，これは easy と同類を成す) を (78) に示された繰り上げ移動によって分析することが妥当でないことを示唆する．なぜならば，この繰り上げ移動による分析が正しければ，(83) の文は，(82) の文と同様，文法的であることが期待されるからである．これに対して，空操作詞を用いた分析では，(83) の非文法性は，空操作詞の代名詞的特性に還元することが可能である．すなわち，take care of や make much of の名詞句の部分は，ある特定のものを指し示すという指示性 (referentiality) を持たないので，代名詞によって care や much を置き換えて *take it of とか *make it of とは言えないことから，代名詞的である空操作詞は，このような名詞句を先行詞としては取れないという説明が可能である．したがって，(82) と (83) の文法性の対比は，easy 構文の空操作詞による分析を支持することとなる．

(81) に示された派生においては，John は初めから TP の指定部に居座っていることとなるが，問題は，John が深層構造からこの位置に居座っていたかどうかということである．この問題を考察するには，上で挿入規則につ

いて述べたことを思い起こす必要がある．そこでは，冗語的 it や there などを挿入規則で導入する理由は，深層構造の特性に関わっていることを述べた．深層構造とは，その元々の機能に従って，当該文の純粋な意味関係を表す表示であり，このことは，基本的には X′ の鋳型に従って主要部の語彙指定をその最大範疇内に投射することによって保証される．そして，語彙指定を持たない機能範疇については，T の時制や C の文タイプ，そして D では定か不定かの意味指定が深層構造に反映されるのみで，その指定部は空のままであると仮定された．したがって，それ自体何ら意味内容を持たない冗語的 it や there は，深層構造には存在せず，EPP のような純粋に統語的要請によって変形部門において挿入されるとするのが妥当ということになる．この仮定に基づけば，(81) において，John は深層構造には存在せず，変形部門において TP 指定部の位置に挿入されると考えるのが妥当である．ただし，この場合，冗語的 it や there と異なるのは，それ自体意味内容を持つ要素が挿入されているという点である．これには，空操作詞の存在が関わってくる．(81) において空操作詞は，please の内項として機能することにより，外項の PRO と共に，please の語彙指定がその最大範疇内に正しく投射されている．しかし，空操作詞は，代名詞的働きを成している点において PRO と類似した特性を有しているが，その先行詞の有無について大きな違いがある．PRO は先行詞が存在しない場合には，一般的な人を指し示す働きを持っているが，空操作詞にはそのような特性はなく，先行詞が存在しないとその意味内容が未定のままになってしまい，解釈不能となる．したがって，(81) において John の存在は空操作詞にとって不可欠である．このことから，John の TP 指定部への挿入は，EPP を満たすという純粋に統語的要請のみならず，空操作詞の先行詞としての機能をも果たしている点において，冗語的 it や there とは異なっている．

【問題 13】 上で述べられた分析に基づいて，以下の (84a, b) の派生を簡単に示し，これらの非文法性を下接の条件を用いて説明せよ．

(84) a. *What sonatas is this violin easy to play on?

b. *the sonatas that this violin is easy to play on

(Chomsky (1977b: 105))

3. 格移動

前節では，もっぱら CP 指定部への移動を扱ったが，それは移動の対象物が操作詞で，この操作詞の作用域を取るという固有の特性により，CP 指定部へ移動するものであった．本節で取り上げるのは TP 指定部への移動のケースである．以下にその例を掲げる．

(85) John kissed Mary
　　 DS: [$_{TP}$ △ Past [$_{VP}$ John kiss Mary]]
　　 SS: [$_{TP}$ John Past [$_{VP}$ t kiss Mary]]
(86) Mary was kissed by John.
　　 DS: [$_{TP}$ △ be+Past [$_{VP}$ kiss+en Mary by John]]
　　 SS: [$_{TP}$ Mary be+Past [$_{VP}$ kiss+en t by John]]
(87) John seems to like Mary.
　　 DS: [$_{TP}$ △ Pres [$_{VP}$ seem [$_{CP}$ [$_{TP}$ △ to [$_{VP}$ John like Mary]]]]]
　　 SS: [$_{TP}$ John Pres [$_{VP}$ seem [$_{CP}$ [$_{TP}$ t' to [$_{VP}$ t like Mary]]]]]
(88) John is believed to like Mary.
　　 DS: [$_{TP}$ △ be+Pres [$_{VP}$ believe+en [$_{CP}$ [$_{TP}$ △ to [$_{VP}$ John like Mary]]]]]
　　 SS: [$_{TP}$ John be+Pres [$_{VP}$ believe+en [$_{CP}$ [$_{TP}$ t' to [$_{VP}$ t like Mary]]]]]

(85) は通常の能動文で VP 指定部に基底生成された動詞の外項が TP 指定部へ移動するケースである．(86) は (85) に対応する受動文であるが，この派生は上の (6) のところで述べた通りで，受動形の動詞の内項が TP 指定部へ移動する．(87) は主語繰り上げ規則のケースで，like の外項としてその指定部に基底生成された John が，埋め込み節の TP 指定部を経由して，主節の TP 指定部へ移動している．(88) は，言ってみれば，(86) と (87)

の合いの子のケースであり，主節の動詞の形を見れば，受動文であるが，その派生の仕方は，(87) の主語繰り上げ規則のケースと同様である．

　これらの移動のケースを考察するのにまずもって問われなければならないのは，なぜ TP の指定部へ移動しているのかということである．これに対する答えは，すでに X′ 理論の章のところで与えられていると思われるかも知れない．すなわち，これらの移動は，EPP を満たすために TP の指定部へ移動しているのだと．しかし，この答えにはある重要な点が欠落している．それは，EPP を満たすのにどの DP を移動対象とするのかという点である．言い換えれば，これらの移動は，Move α が言う "Move anything anywhere" のうち，行き先については EPP が保証しているが，"anything" に相当する移動対象がいかなる条件によっても未だ保証されていないということである．(85) を例にとれば，この派生において EPP を満たすために移動しているのは，kiss の外項である John であるが，論理的に考えれば，John である必然性はなく，kiss の内項である Mary をこの原理を満たすために TP 指定部へ移動しても良さそうである．しかしながら，実際，その結果得られる Mary John kissed は非文法的である (Mary を話題化した意味では，この文は文法的ではある．また，この派生では，T の Past と動詞の kiss が John の存在によって隣接していないので，接辞付加規則が適用できないとも言える)．したがって，(85) のようなケースでは，なぜ TP 指定部へ移動するのが動詞の外項でなければならないのかという問題に答える必要がある．そこで，この問題に解答を与えるのに必要とされるのが，格理論 (Case Theory) と呼ばれるものである．

3.1. 格理論 (Case Theory)

　格理論とは，DP の分布 (distribution)（すなわち，DP がどのような位置に生起できるかということ）を格の概念を用いて捉えようとするものである．格は，英語では代名詞において明示的に現れる．例えば，「私」を意味する代名詞の主格は I であり，目的格は me であり，また，所有格は my であるというふうに．そして，代名詞がどのような格を持って生起するかは，その現れる位置によって決まる．ごく大ざっぱに言えば，代名詞が主語の位置

に生起すれば主格，目的語の位置に生起すれば目的格，そして名詞の前で所有の意味を表す場合には，所有格という具合に．英語では普通名詞の場合にこの格による区別は見られないが，言語によっては格変化がより豊富な言語が存在し（例えば，ラテン語はその典型例），そのような言語では，代名詞のみならず普通名詞も格変化を起こす．そうすると，格変化が明示的であるかどうかという視点からすると，言語間で様々な違いがあることになる．これに対して，格理論は，普遍文法の構成原理として，格という概念を用いて，DP の分布に関する普遍的特性を捉えようとするものである．したがって，この理論で用いられる格という概念は，通常理解されているものより抽象的な概念で，DP は形態上明示されるかどうかにかかわらず，すべて格を持つものと考える．例えば，(85) の文では，John も Mary も格の形が明示されてはいないが，John は主格を持ち，Mary は目的格を持っていると考える．そして，格理論の骨格となる条件は，**格フィルター**（**Case Filter**）と呼ばれるものである．

(89) 格フィルター：
　　　DP は格を持たなければならない．

　さらに，格理論では，DP がいかにして格を持つのかということに関するメカニズムを規定している．まず，DP は深層構造では格を欠いた形で生成される．そして，表層構造において DP はある定まった環境で格を付与される．このメカニズムによって，DP がこの「定まった環境」に生起しない場合は，格が付与されず，(89) の格フィルター違反ということになる．このようにして，DP の分布は制限されることとなる．さて，この格理論の原理が機能するためには，どのような環境で DP に格が付与されるのかを規定する必要がある．ここでは，英語を基盤として，主格，目的格，そして所有格の付与される環境を規定する．

(90)　i）主格： 時制を持つ T の指定部
　　　ii）目的格： 他動詞または前置詞のすぐ後の位置
　　　iii）所有格： D の指定部

この規定に基づいて，実際にいかにして格付与されるのかを例示していく．まず以下の例を考察する．

(91) He kissed her.

この例文の深層構造は以下のようになる（ここで，HE と SHE が大文字になっているのは，格付与されていない代名詞を表している）．

(92)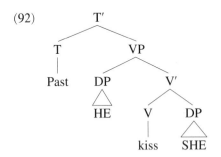

この構造から kiss の外項である HE が TP 指定部へ移動することで表層構造が得られるが，上述した格付与のメカニズムを与えられれば，HE の TP 指定部への移動はこの位置で格をもらうためのものであることがわかる．というのは，HE が VP 指定部へ留まっていては，(90) に掲げられたいかなる格も受け取れないからである．これに対して，kiss の内項である SHE は，(90ii) の規定に従って，深層構造と同位置で他動詞である kiss の後の位置で kiss から目的格を受け取る．上で，TP 指定部への移動が単に EPP を満たすためのものであれば，なぜ VP の内項ではなく外項が移動するのかを説明できないことを指摘しておいたが，格理論によれば，その説明は容易である．すなわち，(92) の深層構造から HE ではなく SHE が TP 指定部へ移動したとすれば，SHE は主格を受け取り，また，EPP も満たすことになるが，HE がいかなる格も受け取ることができず，(89) の格フィルターに違反することとなるからである．したがって，正しい派生を得るためには，内項である SHE は元の位置で目的格を獲得し，外項である HE が TP 指定部へ移動して，そこで主格を受け取り，また，EPP を満たす必要がある．

(90ii) に「他動詞が目的格を付与する」とあることからわかるように，すべての動詞がその後にくる DP に格付与できるわけではなく，いわゆる自動詞は，前置詞の支えが必要である．以下の例文を考察しよう．

(93) a.　He told Mary about the news.
　　 b.　He spoke to Mary about the news.

(93a) において，tell は他動詞なのでそのすぐ後の DP である Mary に目的格を付与できるが，(93b) においては，speak は自動詞なので格付与能力はない．したがって，その話す対象者を表す場合には，前置詞の to が必要であり，(90ii) に従って，to はそのすぐ後の Mary に目的格を付与する．

賢明な読者であれば，(90ii) の規定の仕方について「すぐ後の位置」という概念を使わずに，なぜ「補部の位置」という概念を使わないのかという疑問を呈することと思う．これはもっともな疑問である．というのは，一般的に，統語構造に適用する規則は，その前後関係ではなく階層関係に言及する特性が見られるからである．補部は，一見すると，「主要部の後の位置」というように構造の前後関係に依存した規定のされ方をしているように思われるかも知れないが，厳密には，X′ の鋳型自体には主要部と補部との間には順序関係は指定されず，主要部-補部パラメーターがこの関係を規定することを思い起こしてほしい．指定部と補部は X′ の階層構造に従って，補部は主要部の隣（これを姉妹関係（sisterhood）と呼ぶ）か，もしくは X′ のすぐ下の最大範疇，そして指定部は X′ と姉妹関係を成すものか，もしくは XP のすぐ下の最大範疇と定義される．したがって，構造依存性の観点から，(90ii) の定式化を，構造上の概念である補部を用いて「他動詞または前置詞の補部の位置」としたほうが，概念的には望ましいことは明らかである．

それにもかかわらず，(90ii) のように定式化する経験的理由が少なくとも二つ存在する．まず一つ目は以下の例文に関わる．

(94) a.　She believes [him to be honest].
　　 b.　For [him to understand this lecture] is difficult.

【問題 14】 この二つの文の深層構造を樹形図で表し，派生を簡単に示せ．

これらの例文のかっこでくくった部分は TP を成すが，その指定部に生起する him は目的格の形を取っている．(90ii) の定式化によれば，(94a) の him は他動詞である believe から目的格を受け取ることとなる．また, (94b) において C である for をその形から前置詞的であると見なし，通常の前置詞と同様に格付与能力を有しているものとすると，him はこの for から目的格を受け取ることとなる．ちなみに，この TP 指定部の位置では主格を受け取ることはできない．なぜならば，(90i) に規定されているように，主格を付与できるのは時制を持つ T であるが，(94a, b) では，この埋め込みの TP は時制を欠いた to から成る不定詞節であるからである．これに対して，(90ii) を「補部の位置」に基づいて定式化したものでは，(94a, b) 共に，him は believe と for の補部の位置にはなく，したがって，格を受け取ることはできないことになってしまう．そうすると，格フィルターにより，これらの文は非文法的になるはずであるが，これは事実とは異なる．よって，(90ii) を「すぐ後の位置」という言い方で定式化する必要がある（この点については，次章 2.1 節で再び議論する）．このように，目的格が格付与者の補部の位置ではなく，節をまたいでその指定部に付与される仕方を**例外的格付与 (Exceptional Case Marking**，略して **ECM**) と呼ぶ．

「他動詞または前置詞のすぐ後の位置」と定式化するもう一つ別のタイプの経験的証拠は，(93) の例文に関係する．(93a) では，tell の二つの内項である Mary と about the news を入れ換えて以下の (95a) のようには言えないが，(93b) では，speak の二つの内項は，以下の (95b) に示すように，入れ換え可能である．

(95) a. *He told about the news Mary.
　　 b. He spoke about the news to Mary.

この事実は，(90ii) に挙げられた格付与の定式化を持ってすれば，格フィルターによって説明可能である．すなわち，(95a) では，Mary は他動詞

tell のすぐ後の位置に生起していないため，格フィルター違反ということになる．これに対して，(95b) で speak の二つの内項が入れ換え可能なのは，それらの範疇が PP で，二つを入れ換えてもその中の DP は依然として P によって目的格を付与されるからである．(95a) に示されるように，格を与えるものと与えられるものとが隣同士でなければならないとする条件を**格隣接条件**（**Case Adjacency Condition**）と呼ぶ．もし，(90ii) を「補部の位置」を用いて再定式化すると，(95a) では，tell が Mary に格付与できることになってしまい，格隣接条件が捉えられない．したがって，(90ii) の定式化を用いる必要がある．

【問題 15】 以下の例文の文法性を格フィルターを用いて説明せよ．

(96) a. For John to understand this lecture is difficult.
　　 b. *John to understand this lecture is difficult.
　　 c. I believe John to be honest.
　　 d. I'd prefer for John to win the race.
　　 e. *the belief John to be honest
　　 f. the belief that John is honest
　　 g. *I am proud John to be honest.
　　 h. I am proud that John is honest.
　　 i. *I know to whom John to give the book.
　　 j. I know to whom John is to give the book.

次に，(87) の主語繰り上げのケースを考察する．その派生を以下に再掲する．

(97)　John seems to like Mary.
　　　DS: [$_{TP}$ △ Pres [$_{VP}$ seem [$_{CP}$ [$_{TP}$ △ to [$_{VP}$ John like Mary]]]]]
　　　SS: [$_{TP}$ John Pres [$_{VP}$ seem [$_{CP}$ [$_{TP}$ t' to [$_{VP}$ t like Mary]]]]]

この派生においてなぜ John が主節の TP 指定部まで移動しなければならな

いのかを説明するのに，まず以下の例文を考察する．

(98) a. It seems that John likes Mary.
b. *It seems John to like Mary.

(98a) では，John は埋め込み節の TP 指定部の位置で時制を持つ T から主格を与えられる．また，主節の it は EPP を満たすためにその TP 指定部に挿入されるが，この it 自体 DP であり，格を必要とするが，まさにこの位置で主節の時制を持つ T から主格を与えられる．これに対して，(98b) は意図される意味は (98a) と同様であるが非文法的である．それは，John が (98a) の場合とは異なり，格を付与されないことにより，格フィルターに違反するためと考えられる．すなわち，seem は自動詞なので格付与能力がなく，John はこの位置で格を付与されないためである．そうすると，(97) の派生においてなぜ John が主節の TP 指定部まで移動しなければならないのかを容易に説明できる．というのは，John が深層構造の位置から (97) の表層構造に示された t' の位置に移動しても，EPP を満たすことはできるが，seem が自動詞であることから格フィルターを満たすことはできない．よって，主節の TP 指定部に移動して主格を受け取る必要がある．この点において，主節の動詞が他動詞の場合は事情が異なってくる．(94a)（以下に再掲）の派生をもう一度考察する．

(99) She believes [him to be honest].

この文では，him が honest を主要部とする AP の指定部から埋め込み節の TP に移動した際，他動詞である believe から目的格を受け取ることができる．したがって，この場合は，(97) と異なり，him がさらに主節の TP 指定部まで移動する必要はない．

次に，(86) に例示された受動文を考察する．(86) を以下に再掲する．

(100) Mary was kissed by John.
DS: [$_{TP}$ △ be+Past [$_{VP}$ kiss+en Mary by John]]
SS: [$_{TP}$ Mary be+Past [$_{VP}$ kiss+en t by John]]

この派生においても，Mary が TP 指定部へ移動するのは，深層構造の位置においては格を付与されないので，格を受け取るためであると言いたい．そのためには，受動文において動詞にくっ付いている受動形態素の -en の語彙的特性を考える必要がある．というのは，能動文の場合は，他動詞のすぐ後に生起する DP は目的格を付与されるが，(100) の場合，Mary は kiss から目的格を受け取っていないはずだからである．これは，他動詞に受動形態素の -en がくっ付くことによって，全体が形容詞的になったためと考えられる．このことは，受動文に be 動詞が生起することからも根拠付けられる．ある範疇に別の形態素がくっ付いて，全体として別の範疇に変わるというのは，形態部門でごく普通に見られる現象である．例えば，possible という形容詞に，-ity という接尾辞がくっ付くと possibility という名詞ができ上がるというふうに．受動形態素の -en の場合は，くっ付いた他動詞を形容詞に変えるとまではっきりと言えるかどうかは，議論の余地がある．ここでは，他動詞 + -en 全体は依然として動詞であると仮定しておくが，形容詞的であると言ったのは，それが格付与能力を失ったという意味においてである．一般的に，形容詞はそのすぐ後の DP に格を付与することはないことに着目してほしい．こう仮定すれば，(100) の派生においては，Mary は格を受け取るために TP 指定部へ移動したことになる．ちなみに，受動形態素 -en がくっ付いた先の他動詞に行っている語彙的操作はその格付与能力を奪うことだけではない．(100) において，kiss の指定部の位置が空っぽであることに注意してほしい．kiss は外項として動作主を選択するので，能動文では，その指定部の位置に外項に相当するものが生起するが，受動文では指定部の位置に外項が生起していない．これは，多少比喩的に言えば，-en がそのくっ付いた先の他動詞の外項を奪ったためと考えることができる．そして，その奪われた外項は by を主要部とする PP によって随意的に表される．そうすると，受動形態素の -en の語彙的特性をまとめると以下のようになる．

(101)　受動形態素 -en は，くっ付いた先の他動詞の格付与能力と外項を奪う．

受動形態素 -en のこの二つの特性は，密接に関連しあっている．というのは，この形態素がくっ付いた先の他動詞の格付与能力は奪うが外項は奪わないものと仮定してみよう．そうすると，(100) に対応するものとして，以下の深層構造が得られる．

(102)　DS: *[$_{TP}$ △ be + Past [$_{VP}$ John kiss + en Mary]]

この深層構造から格フィルターに違反しないような表層構造を導き出すことはできない．なぜならば，深層構造の位置において格を受け取ることのできない DP が kiss の外項と内項の二つ存在するが，実際に格を受け取れる位置は TP 指定部の一箇所しか存在しないからである．よって，受動形態素 -en は，くっ付いた先の他動詞の格付与能力を奪うという語彙的特性を持つということは，正しい受動文を導き出すために必然的にその外項をも奪う必要があるということになる．

【問題 16】 (88) に掲げられた派生（以下に再掲）を格理論を用いて説明せよ．

(103)　John is believed to like Mary.
　　　DS: [$_{TP}$ △ be + Pres [$_{VP}$ believe + en [$_{CP}$ [$_{TP}$ △ to [$_{VP}$ John like Mary]]]]]
　　　SS: [$_{TP}$ John be + Pres [$_{VP}$ believe + en [$_{CP}$ [$_{TP}$ t' to [$_{VP}$ t like Mary]]]]]

最後に所有格の付与のされ方を説明する．第 2 章の X′ 理論のところで，例えば，the enemy's destruction of the city は，その章の (55)（以下に再掲）に示されたような派生過程をたどることを述べた．

(104)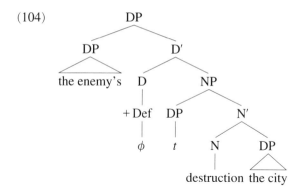

この派生において，destruction の外項である the enemy がその NP 指定部の位置から DP 指定部への位置に移動しているが，これは，(90iii) に規定されたように，the enemy がその位置で所有格を受け取るためのものである．この構造から最終的に the enemy's destruction of the city を派生するためには，destruction と the city の間に of を挿入する必要があるが，なぜ of が挿入される必要があるかは，これまでの説明で明らかだと思う．というのは，of が挿入されないと the city が格を受け取れないために格フィルターに違反してしまうからである．ただし，なぜ他の前置詞ではなく of なのかについては疑問が残ると思うが，この前置詞の挿入が格フィルターという純粋に統語的要件を満たすためのものとすれば，意味的に無色透明な of が選ばれたと考えるのが最も自然であろう．

上で受動文がいかにして派生されるかを考察したが，受動文を導き出す変形規則は，以下の例に示す通り，名詞句内でも適用することが知られている．

(105) a. the enemy's destruction of the city
  b. the city's destruction by the enemy

(105a) の派生は上に示した通りであるが，今度は (105b) の派生を考察する．

【問題 17】（105b）の深層構造を樹形図を用いて表したうえで，その派生を簡単に示せ．

この名詞句の受動態には，文の場合とは異なり，受動形態素である -en がくっ付いていないが，これは（101）に述べられた -en の語彙的特性を考慮すると合点が行く．というのは，この形態素が持つ二つの特性は，すでに名詞に備わったものだからである．まず，第一点の格付与能力であるが，一般的に名詞にはその能力がない．また，以下の（106a）と（105a）を比較すれば明らかな通り，名詞の外項は生起しなくてもよく，（106b）のように随意的に by 句によって具現されることも可能である．

(106) a. the destruction of the city
      b. the destruction of the city by the enemy

そうすると，名詞の場合には動詞の場合と異なり，（101）に述べられた -en の語彙的操作は必要ないことになる．（105b）において，the city が DP の指定部に移動したのは，（105a）の場合と同様，この DP が格を受け取るためである．しかしながら，この場合には，格を受け取る別の手段が存在する．それは，of 挿入によるものである．この手段を用いて派生されたものが（106）の例である．

これで格理論の概要の説明を終えるが，最後に，この理論が述語の語彙指定の仕方に関して望ましい結果を導き出すことを指摘しておく．述語が二つ以上の内項を選択する場合，それらの内項の間の生起する順番を語彙指定においてどのように指定するかが問題となる．これについては（93）と（95）のところで見た通り，二つともに PP の場合にはその順番は自由であるが，一つが DP で他が PP の場合は，DP が先に出てこなければならない．（93）と（95）の例文を順番を変えて以下に再掲する．

(107) a. He spoke to Mary about the news.
      b. He spoke about the news to Mary.
(108) a. He told Mary about the news.

b. *He told about the news Mary.

第2章の X′ 理論のところでの説明からすれば，speak と tell は以下のような語彙指定が成されるであろう．

(109) a.　*speak*: V, (Agent, Goal, Theme) [＿ PP PP] または
　　　　　　　 (Agent, Theme, Goal) [＿ PP PP]
　　　 b.　*tell*: V, (Agent, Goal, Theme) [＿ DP PP]

二つの内項の間の生起する順番が自由であるという特性は，PP 同士の間だけにあてはまるのではない．以下の例は，PP と CP にもそのような特性が見られることを示している．

(110) a.　 I mentioned to Mary that John was a liar.
　　　 b.(?) I mentioned that John was a liar to Mary.

(110b) は，埋め込み節が動詞とその内項である to Mary によって挟み込まれていることから英文のスタイルとしてはぎこちないが，通常非文法的とは見なされない．これに対して，同じ mention が DP を内項として取る場合には，以下に示す通り，内項の順番は固定される．

(111) a.　 I mentioned your name to him.
　　　 b. *I mentioned to him your name.

(110) と (111) の例から，mention の語彙指定は以下のようになるであろう．

(112)　*mention*: V, (Agent, Goal, Theme) [＿ PP CP] または
　　　　　　　　 (Agent, Theme, Goal) [＿ CP PP] か [＿ DP PP]

しかしながら，格理論を用いると，(109) と (112) に与えられた語彙指定は簡略化が可能である．というのは，(108b) と (111b) の文は格フィルターによって別個に排除することができるので，語彙指定の段階でこれらの例文にある内項の現れ方を排除する必要はないからである．このことは，一

般的に，内項の間の生起する順番は語彙指定においては指定する必要がないことを意味する．また，外項と内項との間の順番についても，語彙指定においてとりわけ指定する必要がないことに着目してほしい．語彙指定においては，外項は下線を施されているので，外項と内項の区別は成されている．さらに，X′ 理論によって，外項は当該の句の指定部に，そして内項は補部にと決められているので，それぞれの生起する位置を語彙指定する必要はない．このことから，語彙指定の中から順序という概念を全く排除することが可能である．例えば，(<u>Agent</u>, Goal, Theme) という指定は，Agent に相当するものが外項であり，Goal と Theme に相当するものが内項であるという情報のみで事足りるということであり，これらの項の間の順序に関する指定は一切必要ではない．したがって，この語彙指定と例えば (Theme, Goal, <u>Agent</u>) は全く同じ情報を表していることになる．範疇指定のほうも，意味役割指定同様，その順番を指定する必要はないが，ただし，どの意味役割がどの範疇で現れるのかという範疇指定と意味役割指定の間の関係は依然として表す必要がある．これを，意味役割の下に線でその範疇を結びつける表記を用いれば，(109) と (112) の語彙指定は以下のように簡略化できる．

(113) a. *speak*: V, (<u>Agent</u>, Goal, Theme)
　　　　　　　　　　　　　　　　|　　　|
　　　　　　　　　　　　　　　　PP　　PP
　　　 b. *tell*: V, (<u>Agent</u>, Goal, Theme)
　　　　　　　　　　　　　　　|　　　|
　　　　　　　　　　　　　　　DP　　PP

(114) *mention*: V, (<u>Agent</u>, Goal, Theme)
　　　　　　　　　　　　　　|　　　|
　　　　　　　　　　　　　　PP　　DP か CP

このように，格理論を用いると，語彙指定から生起する順番に関する情報を完全に排除することができ，その結果，より簡便で望ましい語彙指定の仕方が可能となる．

3.2. 格移動の局所性

　前節では，DP の TP 指定部への移動が格を受け取るための移動であることを示した．本節では，この格移動がどれほど遠くまで移動可能かという局所性の問題を扱う．格移動と言っても，実際には Move α の一ケースであり，その意味では本章 2 節で述べた操作詞移動と同根であり，ただその違いは移動の「目的」にあると言ってよい．操作詞移動のところで，Move α は原理的には句を無限に遠くまで移動可能であるが，下接の条件が働いているために一回の移動が循環節点を二つ越えてはならないという制限が働いていることを述べた．格移動も Move α の一ケースであることを思えば，当然，この種の移動も下接の条件に従うことが期待されるが，実際には，格移動は操作詞移動よりもさらに強力な局所性を要求する条件に従っているために，下接の条件に従っているかどうかを確認することは容易ではない．ここでは，格移動に課される局所性条件がいかなるものであるかを示していく．

　Chomsky (1976) では，ここで格移動と呼んでいるものが再帰代名詞や相互代名詞と同じ局所性条件に従っていることを主張している．チョムスキーの以下の例を考察しよう．

(115)　a.　John seems [*t* to like Bill].
　　　 b. *John seems [Bill to like *t*].
　　　 c.　John is believed [*t* to be competent].
　　　 d. *John is believed [*t* is competent].

(Chomsky (1976/1977a: 174))

(115a, c) の派生はすでに上で述べた通りであるが，(115b, d) については若干の説明を要するであろう．(115b) では，John は like の補部に基底生成され，その位置で like から格を受け取る代わりに主節の TP 指定部へ移動して主格を受け取っている．また，(115d) では，John は competent の AP 指定部に基底生成され，そこから埋め込み節の TP 指定部へ EPP を満たすために移動し，そこで主格を受け取る代わりに主節の TP 指定部へ移動して主格を受け取っている．チョムスキーは (115) の例文の文法性は格移動によって残された痕跡（これは NP 痕跡と呼ばれていたが，ここでは DP

痕跡と呼ぶことにする）とその先行詞との関係が SSC と TSC に従うと仮定することによって説明できると主張した．すなわち，(115a) では，DP 痕跡とその先行詞である John の間に主語も時制節も介在しないので，この関係は SSC も TSC も両方満たすが，(115b) では，DP 痕跡とその先行詞である John の間に Bill という主語が介在するので SSC 違反となる．したがって，(115a, b) の文法性は，ちょうど以下の (116a, b) の themselves / each other とその先行詞との照応関係の可能性と対応関係がある．

(116) a. The candidates wanted [themselves / each other to win].
b. *The candidates wanted [John to vote for themselves / each other].

また，(115c) は，(115a) と同様，DP 痕跡とその先行詞である John の間に主語も時制節も介在しないので，SSC にも TSC にも違反しないが，(115d) では，DP 痕跡とその先行詞である John の間には時制節 [t is competent] が介在するので TSC 違反となる．したがって，(115d) の非文法性は，ちょうど以下の文の themselves / each other とその先行詞との照応関係の可能性と対応関係を成す．

(117) *The candidates expected [that themselves / each other would win].

このチョムスキーの説明は，DP 痕跡という音声上具現されることのない統語上の要素が，再帰代名詞や相互代名詞と局所性に関して同じ統語的振る舞いをしていることを指摘している点において，大変興味深い．読者は，なぜそのような相関関係が見られるのか疑問に思われることと思うが，直感的なレベルで言えば，DP 痕跡と再帰代名詞や相互代名詞は，それ自身固有の指示性を持たないがゆえに常に先行詞を必要としているという特性を共有しており，そのことが両者が同じ局所性条件に従っていることと深く関係していると思われる．

　さて，上のチョムスキーの説明に何か不備な点はないであろうか．(115b) は SSC 違反であるとされているが，格理論を用いれば別の説明が可能である．

【問題 18】 格理論を用いて (115b) の非文法性を説明せよ．

そうすると，厳密に言えば，(115b) は DP 痕跡が，再帰代名詞や相互代名詞と同様，SSC に従っていることを示す例とは見なせない．ちなみに，チョムスキーが (115) の例を SSC と TSC を用いて説明を試みた当時は格理論がまだ存在せず，したがって，ここで不備と言っているのは，チョムスキーの説明自体ではなく，格理論を仮定した現行のシステムにおいては，(115) の例をもって DP 痕跡が SSC と TSC の両方の局所性条件に従っていると結論づけるわけにはいかないことを意味している．

それでは，DP 痕跡が SSC に従っていることを積極的に示すデータは存在するであろうか．(115b) では，Bill が表層の位置で格を受け取れないがゆえに格フィルターに違反しているが，同種の例文で Bill が格を受け取れる位置になるように文を変えようとすると，例えば以下のような例が考えられる．

(118) *John seems that [Bill likes t].

この文では，(115b) と異なり，埋め込み節が時制節なので Bill は TP 指定部の位置で主格を受け取ることができる．したがって，この例文の非文法性は格理論とは無関係である．それでは，この例文が DP 痕跡が SSC に従うことを示す例として用いることができるかというと，答えは否である．というのは，DP 痕跡とその先行詞である John の関係は TSC にも違反しているからである．そうすると，DP 痕跡が SSC に従うことを示すためには，埋め込み節を不定詞節に改める必要がある．これを念頭に以下の例文を考察しよう．

(119) a. It is unusual for John to read the book.
　　　b. *The book is unusual for John to read t.

(119a) では，主節の TP 指定部に位置する it は，それ自体特定の意味を持たない冗語的 it なので，第 2 章の X′ 理論の箇所で仮定した通り，EPP を

満たすためにその位置に挿入されたと見なすことができる．そうすると，原理的には，it を挿入する代わりに，(119b) に示された派生の通り，不定詞節の中の the book をこの TP 指定部に移動しても構わないはずであるが，実際には (119b) は非文法的である．そして，この非文法性は，DP 痕跡が SSC に従うと仮定すれば，直ちに説明がつく．というのは，(119b) において，DP 痕跡とその先行詞との間には，John という主語が介在しているからである（ちなみに，賢明な読者であれば，(119b) において，the book の代わりに John を移動すれば文法的な文が得られるはずであると推測するであろうが，実際には *John is unusual for t to read the book という文は非文法的である．この非文法性については，第 4 章の空範疇の原理の説明のところを参照のこと）．また，DP 痕跡が SSC に従っていることを示す別の例として考えられるのは，easy 構文の例である．本章 2.2 節の easy 構文の説明のところで，例えば，以下の (120a) の文は，(120b) に示されるように，John が please の補部の位置から直接主節の TP 指定部へ移動したのではなく，(120c) に示された通り，空操作詞が介在していることを，この構文が下接の条件に従っているデータや指示性を持たない非項がこの構文の主語の位置に生起できないことを示すデータなどによって経験的に動機づけられることを述べた．

(120) a. John is easy to please.
     b. *John$_1$ is [$_{AP}$ [$_{AP}$ t_2 easy] [PRO to please t_1]$_2$]
     c. John$_1$ is [$_{AP}$ [$_{AP}$ t_2 easy] [$_{CP}$ OP$_1$ [$_{TP}$ PRO to please t_1]]$_2$]

そうすると問題は，なぜ (120a) の派生分析として (120b) が不可能なのかということである．この派生は格理論の観点からは何ら問題はない．というのは，John は please の補部の位置に基底生成されるが，(120b) に示した派生では，この位置で目的格を受け取る代わりに主節の TP 指定部で主格を受け取っているからである．しかし，この格移動の痕跡，すなわち DP 痕跡が SSC と TSC に従うという仮定を用いれば，この派生は排除される．というのは，DP 痕跡とその先行詞である John との間に主語の PRO が介在するので，この間の照応関係は SSC に違反することになるからである．

この照応関係は TSC によっては排除されないので，(120b) が (120a) の正しい派生ではないということが正しい限りにおいて，この派生を排除するのに DP 痕跡が SSC に従うと仮定する必要がある．このように見てくると，(115a) のような文に働いているとされた主語繰り上げ規則と呼ばれていたものが，なぜ埋め込み節が時制節ではなく不定詞節でなくてはならないのか，また，なぜ繰り上げられるものが埋め込み節の主語に限定されるのか，という問題に自然な解答を与えることができる．すなわち，その理由は，この規則によって残された DP 痕跡が TSC と SSC に従うからである．

　これまで DP 痕跡が SSC と TSC に従うことを見てきたが，このように DP 痕跡が再帰代名詞や相互代名詞と同じ統語的振る舞いをする理由として，両者がそれ自身固有の指示性を持たず，常に先行詞を必要としているという特性を共有していることが関係していることを上で示唆しておいた．この考え方が正しいとすると，当然，操作詞移動によって残される痕跡も含めたすべての痕跡が SSC と TSC に従うことが期待されるであろう．というのは，痕跡は定義上，それ自身固有の指示性を持たず，常にその先行詞によってその指示が決定されるからである．Chomsky (1973) では，実際に，操作詞移動によって残された痕跡もまた SSC と TSC に従うことが主張されている．このタイプの痕跡を，DP 痕跡と区別して，変項 (variable) と呼ぶが，この変項が TSC に従っているということを直接示すようなデータは，私の理解するかぎりでは，Chomsky (1973) には提示されていないが，SSC に従っていることを示すデータは以下のようなものである．

(121) a. Who did you see pictures of *t*?
　　　b. *Who did you see John's pictures of *t*?

これらの文の文法性の違いを SSC を用いて説明するためには，まず，(121a) の文が SSC にも TSC にも違反していないことを示す必要がある．というのは，一見すると，who とその痕跡の間には TP という時制節が介在するし，また you という主語が介在するので，この文は両方の条件に違反しているように思われるからである．この問題点を取り除くために，Chomsky (1973) の SSC と TSC の定式化は通常のものより複雑になって

いる．その複雑化された部分の意図を汲み取れば，以下のようなただし書きが SSC と TSC に付加されたものと見なすことができる．

(122) 変項とその先行詞との関係において，その間に介在していると思われる時制節および指定主語のすぐ上の CP 指定部に変項の先行詞が位置する場合には，それらの時制節および指定主語はその変項と先行詞との間に介在するものとは見なさない．

このただし書きによって，(121a) では，時制節と指定主語が介在するとは見なされない．なぜならば，変項の先行詞である who がそれらのすぐ上の CP 指定部に位置しているからである．このただし書きは，「先行詞が時制節および指定主語のすぐ上の CP 指定部に位置する場合」となっているので，もっぱら操作詞移動に関係するただし書きであり，再帰代名詞や相互代名詞，そして DP 痕跡については今まで通りに適用する．このただし書きは，以下のような wh 句の「長距離移動」の場合にも有効である．

(123) Who do you think that Mary saw *t* yesterday?

これは一見すると，who とその痕跡の間の関係が明らかに SSC と TSC に違反しているように思われるが，順次循環移動（successive-cyclic movement）を仮定すれば，この文の文法性を説明することができる．

> 【問題 19】 (123) の派生を簡単に示したうえで，なぜ who の痕跡が SSC と TSC に違反しないのかを説明せよ．

さて，(122) のただし書きを仮定すれば，(121a, b) の文法性の違いは容易に説明がつく．なぜならば，(121a) は上で述べた通り SSC にも TSC にも違反しないが，(121b) では John's が指定主語として働くため，who とその痕跡の関係づけは SSC に違反することとなるからである．以上が，Chomsky (1973) の主張である．

これに対して，Chomsky (1977b) では，(121b) の非文法性が，変項が SSC に従っていることを動機づけるデータと考えるのは間違いであること

を述べている．そのことを示すためには，まず 2.1 節で下接の条件との絡みで (121a) の派生を考察したことを思い出す必要がある．この文において，who を pictures of who の名詞句の中から CP 指定部へ移動したと仮定すると，この移動は下接の条件違反となってしまう．そこで，この問題を解決するのに，Chomsky (1977b) では外置という操作がこの派生に関わっていると主張されていることを述べた．この分析に従えば，(121a) は，まず of who に外置の操作を施すことによって，以下の派生段階に達する．

(124)　you Past [$_{VP}$ [$_{VP}$ see [$_{DP}$ pictures *t*]] [$_{PP}$ of who]]

ここから who を CP 指定部まで移動すれば，循環節点は TP の一つしか超えず，下接の条件を守っている．この分析が正しいと仮定すると，(121b) においても下接の条件に違反しないように who を移動しようと思えば，その前に of who に外置操作を施し，以下の派生段階に達する必要がある．

(125)　you Past [$_{VP}$ [$_{VP}$ see [$_{DP}$ John's pictures *t*]] [$_{PP}$ of who]]

ここから who を CP 指定部に移動すれば，下接の条件に違反することなく (121b) を派生することができる．

　そうすると次に考えなければならないのは，この文の非文法性をこの派生に沿っていかに説明するかである．(121a, b) の文法性の違いから SSC が関わっていることは確かと思われるが，問題はどの移動に対してこの条件が働いているかである．というのは，この派生には，of who の外置と who の CP 指定部への移動の二つが関わっているからである．(125) の派生段階から who を CP 指定部へ移動した場合，この移動は SSC 違反と言えるであろうか．このことを考えるのに，(125) の派生段階で of who が指定主語と考えられる John の領域である DP の外に出てしまっていることに着目してほしい．SSC は，再帰代名詞や相互代名詞そして DP 痕跡について，それらの要素とその先行詞の間に指定主語が介在してはならないというものであった．この場合の，「介在」という意味であるが，この用語のこれまでずっと意図されてきた意味を正確に言えば，「指定主語の領域内にこれらの代名詞や DP 痕跡が存在し，かつ，その先行詞がこの領域外にある場合に，指

定主語はこれらの代名詞・DP 痕跡とその先行詞の間に介在する」というものである．このように明確に「介在する」という用語を定義すれば，(125) の派生段階から who を CP 指定部に移動しても SSC には違反しないこととなる．なぜならば，外置操作の結果導き出された構造において，who の痕跡は指定主語と目される John の領域内には位置していないので，John は who とその痕跡の間に介在するとは見なされないからである．そうすると，残された可能性は，of who の外置操作が SSC 違反を引き起こしているというものである．もし，外置操作が，格移動と同様にその痕跡が SSC と TSC に従うと仮定すれば，(125) において，of who とその痕跡との間の照応関係は SSC 違反ということになる．なぜならば，of who の痕跡は John の領域内に位置し，かつ of who がその領域外に位置するので，John が指定主語として of who とその痕跡の間に介在すると見なされるからである．実際，外置操作の痕跡が SSC に従うことを示す証拠がある．

(126) a. [A review of John's book] came out yesterday.
　　　 b. [A review t] came out yesterday of John's book.
(127) a. [Bill's review of John's book] came out yesterday.
　　　 b. *[Bill's review t] came out yesterday of John's book.

(Chomsky (1977b: 80))

(126b) では，主語を含まない名詞句から of John's book が外置され，文法的な文となっているが，(127b) では，Bill という主語を含む名詞句から of John's book が外置され，非文法的となっている．この両文の文法性の違いは，外置によって残された痕跡が SSC に従うと仮定すれば，容易に説明される．以上のことから，(121b) の非文法性は，who の痕跡のような変項が SSC に従うことを示す例ではなく，その派生に関わる外置の痕跡がそのような条件に従うことを示すものである．これが Chomsky (1977b) の主張である．このチョムスキーの主張がなされて以降は，操作詞移動の痕跡である変項が TSC や SSC に従っていることをはっきりと示すデータが少なくとも英語では存在しなくなったと言ってよいであろう．この状況に呼応するように，変項は TSC や SSC には従わないと考えられるようになり，この

第 3 章　Move α 理論

主張は Chomsky (1981) のいわゆる LGB (Lectures on Government and Binding という本のタイトルの略称) の枠組みにおいて確固とした理論的裏付けを与えられることとなる．この辺りの経緯については次章で触れることとなる．

4. まとめ

- 原理・パラメターモデルでは，変形規則は Move α (Move anything anywhere) に収束された．
- 移動規則は，便宜上，移動する動機付けによって二種類に分類される．
  1) 操作詞移動：操作詞は作用域を取るという性質上，CP 指定部に移動する．
  2) 格移動：DP は，元の位置で格を付与されない場合，格を付与される位置に（節の場合は TP 指定部，そして名詞句の場合は DP 指定部）移動する．
- Move α は，下接の条件に従う．
- (39) 以下の構造において，Y は X の位置に移動できない．
  $... X ... [_\alpha ... [_\beta ... Y ...] ...] ... X ...$
  この構造において，α と β は循環節点（すなわち，TP か DP）である．
- 格移動によって残された痕跡は，SSC および TSC に従う．

第 4 章

束縛理論（Binding Theory）

　この章では，従来提案された代名詞の意味解釈規則が，本書の第 1 章で紹介した「原理・パラメターモデル」に基づいていかに再定式化されるのかを，Chomsky（1981）の LGB の理論をもとに明らかにすることを目的とする．とは言っても，代名詞の意味解釈に関わる条件は，LGB 以前から，すでに普遍文法の一部門を構成する普遍的原理の体を成しており，句構造部門や変形規則部門ほどの大改造は成されない．この章では，例えて言えば，前章の Move α に働く境界性条件として，A の上の A 原理から下接の条件へと改訂されたのと同様に，とりわけ代名詞に働く局所性条件として SSC と TSC が提案されたが，それがその後どのように改訂されていったのかを説明するのが目的である．この SSC と TSC は，代名詞とその先行詞との照応関係に働く局所性（簡単に言えば，近さ関係）を捉える条件であるが，SSC はその局所性を測る尺度として「指定主語」の介在を用いているのに対して，TSC では「時制節」をその尺度として用いている．ここで当然発せられるべき疑問は，なぜ指定主語と時制節という一見すると何の関係も持たないような二つの概念が局所性を測る尺度として用いられるのかということである．この疑問に答えるべく，LGB で試みられた TSC と SSC のより一般的な意味解釈条件への統合がいかにして成されたのかを以下解説していく．このようにチョムスキーが中心となって構築した代名詞の意味解釈部門

を扱う理論を**束縛理論** (**Binding Theory**) と呼ぶ.

1. 束縛条件 (Binding Condition)

　さて，まず，代名詞に働く局所性条件についておさらいする．この局所性の観点からすると，代名詞は大きく二種類に分けられ，再帰代名詞と相互代名詞が，直感的に言えば，それらの先行詞と近いところになければならないのに対して，いわゆる普通代名詞はその先行詞と近いところにあってはならない，というものである．関連するデータを以下に掲げる．

(1) a.　John$_1$ hates himself$_1$.
　　b. *John$_1$ knows that [Mary hates himself$_1$].
(2) a.　John and Mary$_1$ hate each other$_1$.
　　b. *John and Mary$_1$ know that [Bill hates each other$_1$].
(3) a. *John$_1$ hates him$_1$.
　　b.　John$_1$ knows that [Mary hates him$_1$].

これらのデータに基づいて，局所性を測る概念としてまず真っ先に考えられたのは，今問題にしている近さ関係を「同一節内」と捉えることであった．そして，この捉え方に従って，以下のような定式化が試みられた．

(4) a.　再帰・相互代名詞は，それと同一節内に先行詞がなければならない．
　　b.　普通代名詞は，それと同一節内に先行詞があってはならない．

この定式化は，代名詞が示す局所性を捉えるのに単純明快で望ましいものであることに疑問の余地はないと思われるが，事実はこれほど単純にはできておらず，以下のデータが問題点として指摘された．

(5) a. *The candidates$_1$ expected [John to vote for themselves/each other$_1$].
　　b.　The candidates$_1$ expected [themselves/each other$_1$ to win].

(6) a. The candidates$_1$ expected [John to vote for them$_1$].
　　b. *The candidates$_1$ expected [them$_1$ to win].

(5a)では，themselves/each other が属する節内にそれらの先行詞が含まれていないので，(4a)より正しくこの文の非文法性を捉えることができるが，全く同様の理由で，(5b)も非文法的であることを予測してしまうが，これは事実に反する．また，(6a)では，them が属する節内にその先行詞が含まれていないので，(4b)により正しくその文の文法性を捉えることができるが，(6b)でも同様に them とその先行詞は別々の節に属するので，誤って文法的であると予測されてしまう．そこで，これまでのデータをすべて総合して考察すると，主語が介在するかどうかが近さ関係を測る鍵となっていることがわかり，以下に述べられた指定主語条件 SSC が提案されるに至った．

(7) a. 再帰・相互代名詞とその先行詞との間に主語が介在する場合，その照応関係は成り立たない．
　　b. 普通代名詞とその先行詞との間に主語が介在する場合，その照応関係は成り立つ．

さらに，局所性を測る尺度として主語が介在するかどうかだけでは不十分であることが以下のデータから判明する．

(8) a. *The candidates$_1$ expected [that themselves/each other$_1$ would win].
　　b. The candidates$_1$ expected [that they$_1$ would win].

(8a)では，themselves/each other とその先行詞との間に主語が介在していないにもかかわらず，非文法的となっているし，(8b)では，they とその先行詞との間に主語が介在しないにもかかわらず文法的となっていることから，これらのデータが SSC では説明できないことがわかる．この観察に基づき，もう一つの局所性条件として，時制節条件 TSC が導入された．

(9) a. 再帰・相互代名詞とその先行詞との間に時制節が介在する場合，その照応関係は成り立たない．

b. 普通代名詞とその先行詞との間に時制節が介在する場合，その照応関係は成り立つ．

この場合，「時制節が介在する」とは，先行詞が時制節の外にあって代名詞が時制節に含まれることを意味している．この TSC によって (8) のデータの文法性を正しく捉えることができる．これが SSC と TSC が提案されるに至った大ざっぱな経緯である．

さて，ここでもう一度初心に帰り，一番最初に考えられた「同一節内」という単純明快な概念を基準として，これまでのデータを再考察すると，結局 (4) の定式化でうまく説明できないのは (5b) と (6b) だけであることがわかる．とりわけ，TSC の存在を動機づけた (8a, b) は，(5b) と (6b) とは異なり，(4) の定式化でうまく説明できることに注意されたい．このような見方からすると，わざわざ SSC と TSC のような二つの別個の局所性条件を仮定することなく，(4) で用いられた「同一節内」という概念を手直しすることによって，(5b) と (6b) を含め，これまでのデータをすべて説明する可能性を模索することは理に適っていると思われる．LGB でチョムスキーは，まさにこの考え方を SSC と TSC の統一化を図る際の基本的スタンスとしている．それでは，(4) を具体的にどのように手直しすればよいであろうか．

チョムスキーは LGB に至り着くまでに，いくつかの著作で，代名詞に働く局所性には格理論が関わっていることを指摘している．例えば，(5b) と (8a) を比べると，(5b) では，再帰・相互代名詞とその先行詞は同一節内には属していないが，再帰・相互代名詞の格付与者である expect とその先行詞は同一節内にあるのに対して，(8a) では再帰・相互代名詞とその先行詞は同一節内には属していないし，かつ再帰・相互代名詞の格付与者とその先行詞も同一節内には属していない．(6b) と (8b) を比較しても，同様の違いが観察される．そうすると，この「格付与者」を，再帰・相互代名詞とその先行詞が属さなければならない節，そして普通代名詞とその先行詞が属してはならない節を決める要因として用いて，(4) を定式化し直せば，(5b) と (6b) を取り込むことが可能となる．例えば，(4) を以下のように再定式

第 4 章　束縛理論 (Binding Theory)

化することができよう．

(10) a. 再帰・相互代名詞は，それとその格付与者を含む最小の節内に先行詞がなければならない．
   b. 普通代名詞は，それとその格付与者を含む最小の節内に先行詞があってはならない．

この定式化により，例えば，(5b) では再帰・相互代名詞 themselves/each other とその格付与者である expect を含む最小の節は主節であり，その中に先行詞が含まれるので，(10a) により文法的となるが，(8a) では再帰・相互代名詞 themselves/each other とその格付与者である埋め込み節の T を含む最小の節はその埋め込み節であり，その中に先行詞が含まれていないので，(10a) により非文法的となる．(6b) と (8b) の文法性の違いも，同様の仕方で，(10b) によって説明できる．

【問題 1】　これまで見てきた残りのデータも (10) の定式化によって正しく捉えられることを確認せよ．

しかしながら，(10) に掲げた局所性条件には，代名詞とその先行詞との間の高さ関係に関して，ただし書きを付与する必要がある．関連するデータは以下のようなものである．

(11) a. *John$_1$ hates him$_1$.
   b. John$_1$'s mother hates him$_1$.

(11a) の文は，上で見た (3a) と同文であるが，この非文法性は (10b) によって説明がつく．しかしながら，(11b) の文では，事実として him は John を指し示すことができるのであるが，(10b) によれば，(11a) 同様，him と John との間の照応関係は成り立たないはずである．この事実を説明するためには，当該の代名詞と先行詞の高さ関係，すなわち，当該の代名詞がその先行詞によって c 統御されるかどうかが鍵となっている．というのは，(11b) では，(11a) と異なり，him は John によって c 統御されないか

らである．そうすると，(11b) の文法性を捉えるために，例えば，(10b) を以下のように再定式化できるであろう．

 (12) 以下の条件が満たされた場合，普通代名詞はその先行詞を指し示すことはできない．
  i) 代名詞がその先行詞によって c 統御される．
  ii) 代名詞とその格付与者を含む最小の節内に先行詞が存在する．
  c 統御の定義：
  ある範疇 X がある範疇 Y を c 統御するとは，Y が X の領域内にあることである．この場合，X の領域とは，X のすぐ上にある範疇のことである．

このように定式化すれば，(11b) では，John は him とその格付与者である hate を含む最小の節内にあるので (12ii) の条件は満たすが，John は him を c 統御していないので (John の領域はそのすぐ上の DP であり，その領域内に him が含まれていないため)，(12i) の条件は満たさない．よって，(12) に掲げられた両方の条件を満たすわけではないので，him は John を指せることになる．これに対して，(11a) では，(12) に掲げられた両方の条件を満たすので，him は John を指せない．

 再帰・相互代名詞の場合には，その高さに関する条件として，「先行詞によって c 統御されなければならない」という条件が別個に課せられなければならない．以下の例が，それを例示している．

 (13) a. John and Mary$_1$ know each other$_1$'s friends.
    b. *Each other$_1$'s friends know John and Mary$_1$.
 (14) *For themselves/each other$_1$ to win would be unfortunate for John and Mary$_1$.

(13a) では，each other がその先行詞である John and Mary によって c 統御されているので，文法的であるが，(13b) と (14) では，themselves/each other が John and Mary によって c 統御されないので，非文法的となる．この高さに関する条件と (10a) にある条件とを，(12) の普通代

名詞に対する条件と並行的になるようにまとめれば，以下のようになるであろう．

(15) 以下の条件が満たされた場合，再帰・相互代名詞はその先行詞を指し示すことができる．
　i) 代名詞がその先行詞によって c 統御される．
　ii) 代名詞とその格付与者を含む最小の節内に先行詞が存在する．

(15) と (12) の二つの条件は，LGB において**束縛条件 (Binding Condition) (A), (B)** と呼ばれたものであるが，それらが正確にどう定式化されたのかを以下紹介する．まず，(15) と (12) の (i) に関わるものとして「**束縛する**」(**bind**) という概念が導入されている．その定義は以下のようなものである．

(16) α が β によって束縛されるとは，i) α と β が同一指標辞を持ち，かつ ii) α が β によって c 統御されることである．

この定義において「α と β が同一指標辞を持つ」というのは，「α と β が同一物を指し示す」ことを意味する．したがって，例えば，(1a) では himself は John を指し示すので，これら二つの要素は同一指標辞を持ち，以下のように表示される．

(17)　John$_1$ hates himself$_1$

(17) において John は himself を c 統御するので，(16) の定義により，John は himself を束縛する．また，「束縛する」の反対語として，束縛されない場合を「**自由である**」(**free**) と言う．例えば，(11b) において，John は him と同一指標辞を持っているが，John は him を c 統御しないので，him は「自由である」と言う．また，(15) と (12) の (ii) に関して，「代名詞とその格付与者を含む最小の節」を「領域 D」と呼ぶことにする．また，再帰代名詞と相互代名詞をまとめて**照応詞** (**anaphor**) と呼び，普通代名詞を単に代名詞と呼ぶことにすると，束縛条件 (A), (B) は以下のように定式化できる．

(18) (A) 照応詞はその領域 D において束縛されなければならない．
(B) 代名詞はその領域 D において自由でなければならない．

この定式化は，LGB で最終的に提案されていたものとは異なるが，以下徐々に段階を踏みながら改良を加えていき，最終版までたどり着くことにする．

【問題 2】 これまで見てきたデータを (18) に掲げた束縛条件 (A), (B) によっていかに説明されるかを示せ．

(18) に掲げた束縛条件 (A), (B) は，実質的にはほぼ (15) と (12) に掲げた条件と同一であるが，一つ重要な相違点を含んでいる．それは，(18) には (15) と (12) とは異なり，「先行詞」という概念が用いられておらず，その代わりに，束縛の定義の中で同一指標辞という概念が用いられている点である．これは，一見すると結果的に同一のことを表しているように思われるかも知れないが，ある重要な帰結をもたらす．それは先行詞が一文に複数存在する場合に関わる．Chomsky (1973) が SSC を定式化した際に，近さ関係を測る尺度として用いられた「指定主語」という概念に，ある特殊なただし書きが付与されていた．それは以下のようなものである．

(19) 当該の代名詞とその先行詞との間に主語が存在し，さらに，その主語がその先行詞と照応関係にある場合は，その主語は指定主語とは見なされない．

このただし書きが必要であることを示すデータは，以下の PRO が関わるものである．

(20) a. Bill persuaded John and Mary$_1$ [PRO$_1$ to kill themselves/each other$_1$].
b. *Bill persuaded John and Mary$_1$ [PRO$_1$ to kill them$_1$].

(20a) において，照応詞 themselves/each other とその先行詞 John and

Maryとの間にPROという主語が介在するので,これをSSCによって説明しようとすれば,一見するとその照応関係が不可能になってしまうように思われる.しかし,この場合は,照応詞の先行詞をJohn and Maryと決めつける必要はなく,PROをその先行詞と見なせば,この照応関係が成り立つことがSSCによって正しく捉えることができる.問題は(20b)である.仮にthemの先行詞をPROと見なせば,この照応関係には主語が介在していないので,SSCによってその照応関係が成り立たないこと,またその結果,themはPROの先行詞であるJohn and Maryを指せないことを正しく導き出すことができる.しかしながら,もしthemの先行詞をJohn and Maryと見なした場合には,PROという主語が介在することになるので,SSCによれば,themがJohn and Maryを指し示すことができることになってしまう.この問題を解決するのに用いられたのが(19)のただし書きである.このただし書きによれば,(20b)で,themの先行詞をJohn and Maryと見なしてもその照応関係が成り立たないことを正しく捉えることができる.なぜならば,この場合,介在するPROはJohn and Maryと照応関係にあり,(19)のただし書きに従えば,指定主語とは見なされず,結果,themとJohn and Maryの間に指定主語が介在しないことになり,SSCに違反するからである.ちなみに,(20a)において照応詞の先行詞をJohn and Maryと見なしても,このただし書きによって,その照応関係が成り立つことが正しく捉えられることになる.というのは,介在するPROが指定主語と見なされないからである.

同様の主旨のただし書きが,(15)と(12)のような意味解釈条件の定式化でも必要となることに留意してほしい.改めて(20)のデータをこれらの意味解釈条件によっていかに説明されるかを見ていく.(20a)において,もし照応詞の先行詞をJohn and Maryと見なすと,この先行詞は(15ii)で述べられている照応詞とその格付与者を含む最小の節,すなわち,to不定詞節に含まれていないので,(15)の条件に違反することとなる.しかし,この場合は,PROを照応詞の先行詞と見なせば,この照応関係が成り立つことが(15)の条件によって正しく捉えることができる.しかしながら,(20b)で,仮にthemの先行詞をPROと見なせば,themはPROによってc統

御され，かつ PRO は them とその格付与者を含む最小の節である to 不定詞節に含まれるので，(12) の条件により，その照応関係が成り立たないこと，そして，them は PRO の先行詞である John and Mary を指せないことを正しく導き出すことができる．しかしながら，もし them の先行詞を John and Mary と見なした場合には，John and Mary は them とその格付与者を含む最小の節である to 不定詞節に含まれないので，them が John and Mary を指し示すことができることになってしまう．このことは，(15) と (12) の定式化においては，「何を当該の代名詞の先行詞と見なすのか」に関してただし書きが必要であることを示している．大ざっぱに言えば，(15) の照応詞の条件の場合には，この条件を満たしうるものなら何でも好きなものをその先行詞と見なせばよいのに対して，(12) の代名詞の場合には，当該の代名詞と同一のものを指示するすべての DP をその先行詞と見なし，どの先行詞を選んでも (12) に述べられた条件に違反してはならない，というふうにである．

これに対して，(18) に定式化された束縛条件 (A), (B) では，このような何を先行詞と見なすかといった問題が起きない点で (15) と (12) の意味解釈条件よりも優れていると言える．

【問題3】 (18) の束縛条件 (A), (B) を用いて，(20) のデータを説明せよ．また，以下の文の文法性も，これらの条件を用いて説明せよ．

(21) a. *John and Mary$_1$ persuaded Bill to kill themselves/each other$_1$.
 b. John and Mary$_1$ persuaded Bill to kill them$_1$.

また，上で指摘された (15) と (12) の定式化に対する先行詞の選択の問題は，TSC の場合にも発生することを以下の例文を用いて説明せよ．

(22) a. Which men$_1$ did John expect [$_{TP}$ t_1 would kill each other$_1$]?
 b. *Which men$_1$ did John expect [$_{TP}$ t_1 would kill them$_1$]?

第 4 章 束縛理論 (Binding Theory)

さらに，(18) の束縛条件 (A), (B) を用いると，これらのデータを正しく説明できることを示せ．

　以上，これまで SSC と TSC がいかにして束縛条件 (A), (B) へとまとめられていったのかを概観した．その過程においてとりわけ注目すべきことは，SSC と TSC に付随していた条件がきれいに取り払われていったということである．従来 SSC と TSC には「当該の代名詞がその先行詞によって c 統御される」場合に限って働くという条件が付いていたが，この条件は，束縛条件 (A), (B) を定式化する際に，「領域 D」という近さに関する条件に，「束縛する」もしくは「自由である」という高さに関する条件を織り交ぜることによって，取り除くことが可能となった．また，SSC に関して何を先行詞と見なし，また何を指定主語と見なすかに関してただし書きが必要であったが，束縛条件 (A), (B) では，「先行詞」という概念を用いる代わりに同一指標辞に基づいた束縛の概念を用いることによって，「何を先行詞と見なすか」という問題をうまく回避している．以上の点から，この新たな束縛条件 (A), (B) は，SSC や TSC より数段優れた定式化であることは疑いの余地がない．

　最後に，代名詞とその先行詞との間に課される高さに関する条件について述べる．それは，以下のような条件である．

(23)　代名詞はそれが c 統御する名詞を指し示すことはできない．

この条件は，以下のようなデータを扱うのに必要とされる．

(24)　a.　Mary$_1$ denied that she$_1$ met John.
　　　b.　*She$_1$ denied that Mary$_1$ met John.

(23) によれば，(24a) では，she はその先行詞である Mary を c 統御していないので，この場合，she は Mary を指し示すことができるが，(24b) では，she は Mary を c 統御するので，指し示せないことになる．LGB では，この条件は，照応詞や代名詞以外の普通の名詞句（これを **R 表現** (**R-**

expression) と呼ぶ) に課される条件に言い換えられ, **束縛条件 (C)** として以下のように定式化された.

(25) (C) R 表現は自由でなければならない.

(24a) で Mary と John が R 表現であるが, John は明らかに自由であり, また, Mary も she と同一指標辞をふられてはいるが, she によって c 統御されないので, 自由であり, (25) の束縛条件 (C) に違反しないこととなる. よって, (24a) では, she は Mary を指し示すことができる. これに対して, (24b) では, Mary は she と同一指標辞をふられ, かつ she によって c 統御されるので, 束縛されることになり, 束縛条件 (C) に違反する. この条件に違反しないようにするためには, she と Mary が同一指標辞をふられなければいいのだが, その場合は, she は Mary 以外の誰か別の女性を指し示すこととなる.

このように, 名詞句をその指示機能に関して照応詞, 代名詞, R 表現と大きく三つに分け, それぞれに働く意味解釈条件を束縛条件 (A), (B), (C) にまとめ上げ, 従来提案された意味解釈条件はすべて, これら三つの束縛条件に取り込まれたことになる.

2. 統率理論 (Government Theory)

上で述べた三つの束縛条件のうち, 条件 (C) は (25) に掲げられたものでほぼ完成しているが, (18) に掲げられた条件 (A), (B) については, まだまだ改訂していく必要がある. 本節と次節で, 一つ一つ問題点を指摘しながら, 段階を踏みながらこれらの条件を改訂していき, 最終的に LGB での定式化にたどり着く.

(18) の定式化に対してまず挙げられる問題点は, この定式化では, 第3章3.2節で述べられた格移動によって残された DP 痕跡が SSC と TSC に従うという事実を, (18) の条件 (A) によって捉え直すことができないことである. 関連するデータを以下に再掲する.

(26) a. John₁ seems [t₁ to like Bill].
    b. *John₁ seems [Bill to like t₁].
    c. John₁ is believed [t₁ to be competent].
    d. *John₁ is believed [t₁ is competent].

(26b) の非文法性は，DP 痕跡の t とその先行詞である John の照応関係が SSC に違反することによって説明でき，また，(26d) の非文法性は，DP 痕跡の t とその先行詞である John の照応関係が TSC に違反することによって説明できる（なお，(26b) では，Bill が格付与されないことで格フィルターにも違反しているので，厳密には DP 痕跡が SSC に従うことを示す例としては適当ではないが，その辺りの事情については，第 3 章 3.2 節の関係箇所を参照のこと）．それに対して，(26a, c) では，DP 痕跡の t とその先行詞である John の照応関係が SSC にも TSC にも違反していないので，その文法性を正しく捉えることができる．さて，問題は (26) のデータを (18) の条件（A）によって捉え直すことができるかどうかであるが，答えは否である．というのは，DP 痕跡は格移動，すなわち格をもらうための移動によって残された痕跡であるがゆえに，痕跡自体には格は付与されないので，(26) の DP 痕跡の t にとっての格付与者は存在せず，よってその領域 D を決定できないからである．したがって，この領域 D を決定するのに，格付与者ではなく，DP 痕跡にも適用されるような別の概念で置き換えることが必要である．その際，その「別の概念」は，上で述べた照応詞の場合にも正しく適用するようなより一般的な概念である必要がある．

そもそも領域 D を決めるのに，格付与者という概念を必要としたのは，いわゆる例外的格付与構文において，埋め込み節の TP 指定部に生起した照応詞が，主節にある DP をその先行詞として取ることができるという事実を捉えるためである．関連するデータを以下に再掲する．

(27) The candidates₁ expected [themselves / each other₁ to win].

この文において，照応詞 themselves / each other の領域 D は，その格付与者が expect であるがゆえに文全体となり，その領域において the candidates によって束縛されることにより文法的となる．この文において，照応詞 themselves / each other とその格付与者である expect との構造関係が，(26a, c) の文での DP 痕跡の t と seem または believed との構造関係と類似していることに着目してほしい．そうすると今必要とされている概念は，このような構造関係を一般的に捉えるような概念である．この概念を LGB では，「統率」(**government**) と呼び，格付与の条件として以下のような規定を盛り込んだ．

(28)　α が β に格を付与できるのは，α が β を統率するときに限る．

以下では，格付与者とその受け取り手との間にどのような構造関係が成り立っているのかを考察することによって，この統率という概念の定義を明らかにしていく．その後，束縛条件 (A), (B) の領域 D を決定するのに，「格付与者」を「統率者」(governor) で置き換えることによって，DP 痕跡の問題を解決できることを示す．

2.1. 統率と格付与

第 3 章 3.1 節では，主格，目的格，そして所有格の付与される環境を以下のように規定した．

(29)　i)　主格：　時制を持つ T の指定部
　　　ii)　目的格：　他動詞または前置詞のすぐ後の位置
　　　iii)　所有格：　D の指定部

しかし，この規定は単に格付与される環境を並べ立てたに過ぎず，なぜこのような環境で格付与されるのかという問いには答えずじまいであった．さらに，この規定中の ii) の目的格が付与される環境指定には経験的問題点が存在する．この規定において，「他動詞または前置詞の補部」とはせずに，「他動詞または前置詞のすぐ後の位置」とした理由は，以下のような例外的格付与のケースを説明するためであったことを思い起こしてほしい．

(30)　She believes [him to be honest].

第4章　束縛理論 (Binding Theory)　　139

この場合，him は believe の補部に生起していないにもかかわらず，その直後に生起しているがゆえに目的格を付与されているように見える．しかし，(29ii) の規定では，以下のような埋め込み節が時制節である場合，その TP 指定部に生起する DP がなぜ目的格を付与されないのかを説明することができない．

(31) a. She believes [he is honest].
　　　b. *She believes [him is honest].

したがって，目的格が付与される環境を規定するのに，(29ii) の規定では不十分であることがわかる．それでは，この経験的問題を克服しつつ，(29) に示された格付与が行われる環境を，格付与者とその受け手との構造関係に着目し，統率という概念で捉え直すことを試みる．

まず，(29i) と (29iii) のケースでは，以下に図示された通り，格の受け手が格付与者の指定部に位置している．

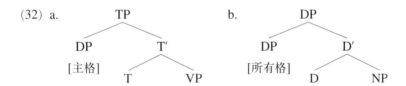

(32) a.

これに対して，(29ii) の目的格のケースでは，格付与者とその受け手の構造関係は，以下に図示された通り，主要部と補部との関係の場合と例外的格付与の場合とに分けることができる ((33a) において V/P は V または P を表す)．

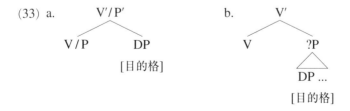

(33) a.

(33b) の例外的格付与構文において，V の補部の節は，前章2.2節で下接の

条件との兼ね合いで CP と仮定したが，後にこの仮定が覆されることを述べるため，ここでは ?P と記しておいた．さて，まず初めに，例外的格付与の場合を除いた三つのケースを考察すると，格付与者とその受け手は，主要部とその指定部もしくは補部に位置する DP という構造関係を持っている．このことから，(28) で格付与の条件とされた統率の定義として以下のものを考えることができる．

(34) α が β を統率するとは，α と β が互いに m 統御する場合である．

(35) α が β を m 統御するとは，β が α の「領域」内にあることである．この場合，α の「領域」とは，α を最小に支配する最大範疇のことである．

これまで「c 統御」という概念を用いてきたが，この概念に関係する「領域」が α のすぐ上にある範疇であったのに対して，「m 統御」では，α から構造を上に見て最初に突き当たる最大範疇（maximal category）をその「領域」とするものである．統率をこのように定義すれば，(28) の条件により，以下の節構造において，

(36)
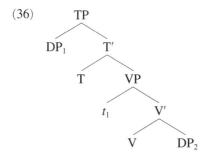

時制付きの T は，その指定部に位置する DP_1 には主格を付与できるが，動詞の内項である DP_2 には格付与できない．なぜならば，T と DP_1 は互いに m 統御することから，T は DP_1 を統率するが，DP_2 は T を m 統御していないので，T は DP_2 を統率しないからである．また，他動詞の V は，その補部に位置する DP_2 には目的格を付与できるが，T の指定部に位置する DP_1 には格付与できない．なぜならば，V と DP_2 は互いに m 統御すること

第 4 章　束縛理論 (Binding Theory)　　141

から，V は DP_2 を統率するが，V は DP_1 を m 統御していないので，V は DP_1 を統率しないからである．

　LGB では，さらに，(32a) の主格付与の場合，なぜ格付与者は時制を持った T に限られるのかを考察している（厳密に言うと，後に触れるように，LGB の節構造は (36) とは異なっており，T に相当するものは Infl(ection)（屈折）と呼ばれた）．そこでチョムスキーが着目したのは，時制節の場合に見られる人称・性・数の一致 (agreement) の現象である．これは，英語においてははっきりとしたパターンを示さなくなっており，be 動詞の場合には比較的顕著に現れるが，一般動詞の場合は，3 人称単数現在における -s に限られている．いずれにせよ，そういった現象が見られることから，LGB では時制を持った T には名詞的な AGR (agreement の略) が存在し，それが主語との一致を引き起こしていると仮定している．この仮定に従えば，時制節の T と不定詞節の T は AGR が存在するかどうかで区別されることになる．そして，この区別が格付与能力と連動しているものと考える．すなわち，AGR が名詞的であるという特性に着目し，格付与者は語彙的なものに限られるとし，(28) の条件は以下のように狭められた．

(37)　α が β に格を付与できるのは，α が β を**語彙統率** (**lexical government**) するときに限る．

この場合，語彙統率者とは，N，V，A，P，AGR ということになる．ここで一つ注意してほしいのは，(37) の条件が必要条件であって，十分条件ではないということである．すなわち，(37) が述べているのは，格付与するためには語彙統率が必要であることを述べているのであって，語彙統率すれば必ず格付与できるということを意味しない．したがって，語彙統率者には N と A が含まれているが，だからと言ってこれらが格付与できることは意味せず，これらの範疇はその内在的特性として格付与者にはなれないと考える．また，(32b) の所有格のケースであるが，LGB では名詞句として DP ではなくて NP を用い，さらに，所有格付与は (37) の条件を免れるという例外的扱いをしている．ここでは，X′ 理論のところで解説した通り，DP が TP と並行的に扱われていることから，所有格を付与する D は時制を持

つTと同様，AGR を所有するものとする．ただし，Tの場合とは異なり，現代英語では明示的な一致現象が名詞句内では観察されないので，動機づけが薄いのだが，他のヨーロッパ言語では，とりわけ代名詞の場合，そのような一致現象が見られることから，現代英語でも明示的には現れないまでも，そのような操作が AGR を持つ D と所有格を保有する DP との間で働いていると考えることにする．

次に，(33b) の例外的格付与のケースを考察すると，(34) の統率の定義では，このケースを (37) の格付与条件によってうまく捉えられるようには思われない．というのは，(33b) において他動詞 V の補部がいかなる範疇であれ，その範疇が最大範疇であるかぎり，その補部内の DP は V を m 統御しないことから，V はその DP を統率できないためである．この問題を解決するのに，考察の対象にする必要のある事実が，(30) と (31) の対比である．すなわち，この例外的格付与が可能なのは，動詞の補部節が不定詞節に限られるという事実である．この事実を捉えるために，チョムスキーが LGB で提案したのが，「S′ 削除」(S′ deletion) という操作である．LGB では，まだ X′ 理論が N，V，A，P といった語彙範疇にしか適用されておらず，機能範疇には従来の構造が使われていた．すなわち，名詞句の構造は，NP のままで DP はまだ導入されておらず，節構造では，以下のような S′-S の構造を用いていた（以下の構造で，Infl は Inflection（屈折）の略であり，Aux と同様の機能を果たしていると考えて差し支えない）．

(38)

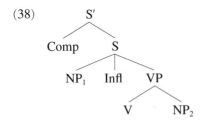

この節構造を仮定したうえで，チョムスキーは例外的格付与構文の埋め込み節は，「S′ 削除」という操作の適用を受け，例えば，(30) は概略以下のような構造を持つと考えた．

(39)　[$_S$ she Infl [$_{VP}$ believe [$_S$ him to [$_{VP}$ be honest]]]]

「S′削除」という操作は，それを厳密にどう捉えるかを考察すると，おおまかに二つの解釈が可能である．一つは，S′削除を文字通りに解釈し，(39) の構造は，S′を含む深層構造から，「S′削除規則」によって得られた表層構造と解するものである．もう一つの解釈は，そのような削除規則を仮定することなく，believe のような例外的格付与を許す動詞は，その語彙特性として S′ ではなく S を選択できると解するものである．LGB ではこの二つの可能性を指摘しているが，どちらが適切な解釈であるかについては決定的な議論はなされておらず，未確定のままであったが，ここでは，「S′削除」という操作の特殊性に鑑み，それを語彙特性に帰するほうが適当と判断し，後者の立場を取ることとする．

　さて，LGB では，(39) のような構造を仮定することによって，いかにして believe が S の主語の位置に存在する him に目的格を与えることが可能であったのか．それは，以下の仮定によって可能となっていた．

(40)　S′ は最大範疇を成すが，S は最大範疇ではない．

この仮定の背後にある考え方は，S′ と S は同種の範疇であり，X′ 理論的な言葉を用いれば，両者は同一の主要部からの投射物であるというものである．この仮定によって，(39) では，believe は him を統率することとなる．なぜならば，believe は him を m 統御し，また S が最大範疇でないことから，him を最小に支配する最大範疇は主節の VP となり，よって him は believe を m 統御するからである．これによって，(37) の条件により，believe は him に格を付与することが可能となる．これに対して，(31a) の文において，believe が補部の時制節の主語の位置に目的格を与えられないのは，この文が以下の構造を持っているからである．

(41)　[$_S$ she Infl [$_{VP}$ believe [$_{S'}$ [$_S$ he is [$_{AP}$ honest]]]]]

この構造において，believe は he を統率できない．なぜならば，その間に S′ が介在しているために，he が believe を m 統御できないためである．し

たがって，(37) の条件により，believe はこの he の位置に目的格を付与することはできない．このような見方からすると，例外的格付与構文の「例外性」は，S′ 削除，すなわちこの構文の主動詞がその補部節に S を選択することに帰せられることになる．

LGB では，節構造として S′–S を用いていたので，(40) の仮定もそれなりの動機づけが成されていると言ってもよかろうが，機能範疇も含め，すべての句が X′ の鋳型に従うとする現行のシステムでは，節構造が CP-TP と二つの独立した最大範疇から形成されているので，(40) の仮定をそのまま援用するわけにはいかない．この問題に対しては，Chomsky (1986b) の *Barriers* で根本的な解決策が提案されているが，ここではそこまでは踏み込むことはせず，問題のままに残しておき，単に (34) の統率の定義に，「ただし，α が β を統率するかどうかを決定する際には，TP は最大範疇とは見なさない」というただし書きを付与することとする．

また，例外的格付与構文では S′ が削除されているという LGB での仮定は，第 3 章 2.1 節で扱った下接の条件の説明の中で述べた「CP 指定部が脱出口 (escape hatch) として働く」という仮定と抵触することになる．

【問題 4】 上で述べられた仮定に従って，以下の文の表層構造を樹形図を用いて表し，この文の文法性が下接の条件によって正しく捉えられるかを確認せよ．

(42) What does she believe him to like?

この問題についても Chomsky (1986b) の *Barriers* で根本的な解決策が提案されているが，ここでは踏み込まないこととし，単に下接の条件のただし書きとして「不定詞節を成す TP は循環節点を成さない」としておく．

上の説明でもう一つ重要な問題が残されたままになっている．それは，(36) の節構造に基づいて，いかに格付与が統率の規制の下に行われているのかを説明したところに関係する．この構造において，他動詞の V は，その補部に位置する DP_2 には目的格を付与できるが，T の指定部に位置する

第4章 束縛理論 (Binding Theory) 145

DP_1 には格付与できないことを，統率の概念を用いて説明した．確かに，V は T の指定部に位置する DP_1 には格付与できないが，そもそもこの DP_1 は何のために V の指定部の位置から T の指定部の位置へ移動したのであったのか．第3章3節で，この移動は格移動，すなわち格を受け取るための移動であると説明したことを思い起こしてほしい．その時には，格付与の環境を単に (29) にあるように述べただけだったので，V の指定部にある DP はこの位置では格を受け取ることができず，T の指定部へ移動することが必要であると説明されていた．しかし，今や (29) に述べられた格付与の環境は統率の概念を用いて (37) の条件によって捉えられるに至ったが，この条件では，V の指定部にある DP はその位置で格を受け取ることは不可能であるとは言いきれなくなる．というのは，他動詞の V はその指定部にある DP を語彙統率するために (37) の条件を満たし，その DP に目的格を与えることが可能だからである．(36) の節構造において，仮に V が DP_1 にその指定部の位置で目的格を与えたものとする．そうすると，V の補部に位置する DP_2 が格を受け取れなくなってしまうが，その場合には，格移動によって T の指定部に移動し，主格を受け取れば，格フィルターを満たすことは可能である．しかしながら，この派生を認めてしまうと，以下のような文が She will kiss him. と同じ意味で文法的ということになってしまう．

(43) *He will her kiss.

したがって，この派生を排除する何らかの手立てが必要である．ちなみに，この問題は，LGB で仮定された (38) の節構造においては生じない．なぜならば，動詞の外項はここで仮定されているように，その指定部に基底生成されるのではなく，VP の外側に基底生成されているからである．

さて，この問題に対する手立ては複数考えられるが，ここでは統率の概念に基づいた解決策を一つの可能性として披露しておく．それは，「**正規の統率**」(**canonical government**) という概念を用いるものである．これは統率の中でもある一定方向のものを「正規」と見なすというものである．上で，α が β を統率すると言った場合，格付与の条件としてこの概念を考察しているので，α に相当するのは主要部である．このような統率を**主要部統率**

(**head government**) と言うが，正規の統率とは，主要部が統率するもののうち，統率する方向が補部側のものの場合を言う．したがって，英語のように補部が主要部の右側に位置する言語では，正規の統率とは右側への統率であり，これとは逆に，日本語のように補部が主要部の左側に位置する言語においては，正規の統率とは左側への統率ということになる．この正規の統率が V のような語彙範疇の格付与に対する条件と見なせば上記の問題に一応の解決を与えることができる．すなわち，

(44) α が語彙範疇である場合，α が β に格を付与できるのは，α が β を正規に統率するときに限る．

この条件により，(36) の節構造において，V は DP_2 を正規に統率するので目的格を付与できるが，DP_1 は正規に統率しないので格を与えることはできず，DP_1 は T の指定部へ移動して主格を受け取ることになる．なお，(44) の条件が語彙範疇に限られるのは，T や D による主格と所有格の付与がそれらの指定部の位置に行われていることから明らかである．とは言っても，なぜ正規の統率が語彙範疇に限られるのかという問題は残るが，ここではこれ以上踏み込むことはしない．

2.2. 統率範疇

以上で格付与の構造上の条件としての統率の概念の説明を終え，本節の出だしに指摘された問題に戻る．すなわち，DP 痕跡とその先行詞との関係をいかにして束縛条件（A）によって捉えるのかという問題である．問題の所在は，この条件の中に出てくる領域 D を決定するのに格付与者という概念を用いてきたが，DP 痕跡には格付与者は存在せず，よってこのままでは，DP 痕跡に対して束縛条件（A）を適用できないというところにあった．しかし，今やこの問題は領域 D を決定するのに格付与者の代わりに「語彙統率者」(lexical governor) を用いることによって解決が可能である．LGB ではまさにこの概念を用いて，領域 D を**統率範疇**（**governing category**）と名付けている．すなわち，統率範疇とは，「当該者とその語彙統率者を含む最小の節」ということになる．この統率範疇を用いて，(18) に述べられ

た束縛条件 (A), (B) は以下のように再定式化できる.

(45) (A) 照応詞はその統率範疇において束縛されなければならない.
(B) 代名詞はその統率範疇において自由でなければならない.

上の説明から,「α が β に格付与する場合には必ず α が β を語彙統率する」ので, 前節で展開された (18) の定式化に基づく束縛条件 (A), (B) によるデータの説明は, (45) の定式化によっても同様の説明がつく. ここではその検証作業を省き, その作業を読者に委ねたい. それでは, DP 痕跡とその先行詞との関係を (45) に定式化された束縛条件 (A) によって正しく捉えられるであろうか. そのためには, 以下の仮定を持ってすれば, 容易に可能である.

(46) 繰り上げ述語 (raising predicate) はその補部節に TP を選択できる.

繰り上げ述語とは, seem のような主語繰り上げ規則を許す述語のことである.

【問題 5】 (45) に定式化された束縛条件 (A) を用いて, (26) にあるデータ (以下に再掲) の文法性を説明せよ.

(47) a. $John_1$ seems [t_1 to like Bill].
b. *$John_1$ seems [Bill to like t_1].
c. $John_1$ is believed [t_1 to be competent].
d. *$John_1$ is believed [t_1 is competent].

3. 利用可能な「主語」(Accessible SUBJECT)

これまで, 束縛条件 (A), (B) において照応詞と代名詞に関わる領域は, 語彙統率という概念を用いた統率範疇によって決定できることを示してきた. そして, この領域を, 当該者とその語彙統率者を含む最小の節とするこ

とによって，SSC と TSC によって捉えられていた照応詞，代名詞および DP 痕跡に関わる解釈条件を (45) に掲げる束縛条件 (A), (B) によって統一的に捉えることが可能であることを示してきた．しかしながら，話はこれで終わりではない．というのは，Chomsky (1973) が SSC によって説明できるとしたデータのうち，なおこれまでの束縛条件 (A), (B) の定式化では捉え直されていないものが残っているからである．そのデータとは，節のみならず DP が統率範疇として働く必要があることを示唆するものである．以下の例を考察しよう．

(48) a. *The men$_1$ like [Mary's pictures of themselves/each other$_1$].
　　　b. The men$_1$ like [Mary's pictures of them$_1$].

これまで統率範疇は節に限定されてきたので，(48a, b) 共に照応詞および代名詞にとっての統率範疇は文全体ということになる．この領域において，(48a) では照応詞が束縛されるので，事実に反しこの文は文法的となり，また (48b) でも代名詞が束縛されているので，これも事実に反し，them は the men を指せないことになってしまう．他方，SSC を用いれば，(48) の事実を簡単に捉えることが可能である．すなわち，(48a) では，Mary's という主語が介在しているので，照応詞とその先行詞の照応関係は成り立たず，(48b) では，Mary's が介在するからこそ，代名詞はその先行詞を指し示すことができる．このように DP 内の主語の存在が，照応詞および代名詞とその先行詞との照応関係を成立させるのに重要な役割を担っていることは，以下のデータからも明白である．

(49) a. *We$_1$ heard their stories about each other$_1$.
　　　b. We$_1$ heard some stories about each other$_1$.

(*LGB*: 207)

(50) a. John$_1$ saw my picture of him$_1$.
　　　b. *John$_1$ saw a picture of him$_1$.

(ibid.: 209)

SSC によれば，(49a) は (48a) と同様，DP 内の主語である their が介在す

るがゆえに each other は we を指し示すことはできないが，(49b) のように主語が介在しないとその照応関係は可能となる．これとは逆に，(50a) は (48b) と同様，DP 内の主語である my が介在するがゆえに him は John を指し示すことができるが，(50b) のように主語が介在しないとその照応関係は不可能となる．

　これらの事実は，二つのことを示唆する．一つは，DP が統率範疇として働くこと，そしてもう一つは，DP が統率範疇として働くかどうかは DP の主語が存在するかどうかに依存していることである．この観察に基づいて，LGB では SSC の精神を復活させ，統率範疇を決定する要素として，語彙統率者以外に「主語」を付け加えた．今仮に統率範疇を「当該者とその語彙統率者と主語を含む最小の最大範疇」と仮定することにする．そうすると (48) から (50) までのデータを (45) に掲げる束縛条件 (A)，(B) によって正しく捉えることが可能となる．例えば，(48) において，照応詞 themselves/each other および代名詞 them にとっての統率範疇は，その語彙統率者である of を含みかつ主語を含む最小の最大範疇なので，主語 Mary's を含む目的語 DP がそれに相当する．この統率範疇において，(48a) では照応詞が束縛されていないので，束縛条件 (A) に違反し，(48b) では代名詞が自由なので，束縛条件 (B) を満たし，(48) の事実を正しく捉えることができる．

【問題 6】　ここで仮定された新たな統率範疇の概念を用いて，(49)，(50) のデータを説明せよ．

　このように，統率範疇を決定する要素として主語を加えることによって，これまで SSC によって捉えられてきたデータは，(48) から (50) に示したようなデータも含め，すべてカバーできるようになる．しかし，この概念を付け加えることによって，我々はまた振り出しに戻ることになる．というのは，TSC のケースが説明できなくなるからである．以下の例を再度考察する．

(51) a. *The candidates₁ expected [that themselves/each other₁ would win].
    b. The candidates₁ expected [that they₁ would win].

今ここで仮定されている新たな統率範疇の概念を用いると，(51) に掲げるデータの照応関係を正しく捉えられなくなってしまう．というのは，照応詞 themselves/each other および代名詞 they にとっての統率範疇は，主語 the candidates を含む最小の最大範疇，すなわち，主節の TP ということになり，その統率範疇において，照応詞と代名詞は束縛されているので，(51a) は束縛条件 (A) を満たし，(51b) は束縛条件 (B) に違反することとなってしまうからである．この問題を解決するために，チョムスキーは「主語」という概念を拡大解釈し，この主語と一致関係にある AGR を広い意味での「主語」と見なすことを提案した．この通常の主語と AGR を含む意味での主語を LGB では SUBJECT と表記している．この SUBJECT という概念を，主語の代わりに，ある要素の統率範疇を決定するのに用いると，(51) の例を正しく説明できる．というのは，照応詞 themselves/each other および代名詞 they にとっての統率範疇は，SUBJECT である埋め込み節の AGR を含む最小の最大範疇，すなわち，埋め込み節の TP ということになるからである．これで，これまで提示されたデータをすべて正しく捉えることが可能となった．

　しかしながら，LGB で提示された統率範疇の定義にたどり着くためには，もう一段階踏み込む必要がある．これまで，束縛条件 (A), (B) は SSC と TSC を統一したより一般的な解釈条件として提案されたと述べてきたが，これは厳密には正しくない．というのは，束縛条件 (A), (B) が LGB において提示される以前に TSC が別の条件によって置き換えられていたからである．ここではまず，その新たな条件が提案されるに至った経緯を簡単に説明する．それには，SSC と TSC との間に存在する余剰性 (redundancy) の問題が関わっている．以下の文において，

(52) *John and Mary₁ know that [Bill hates each other₁].

John and Mary は each other の先行詞と見なすことはできないが，この事実は，SSC によっても TSC によっても説明可能であることに注目してほしい．このようにある言語事実が二つ以上の別々の条件によって説明可能であるという状況をここでは余剰性と呼んでいるのだが，このような余剰性がある理論体系に存在するという事実は，その理論体系内に何らの矛盾を含むものではないので，そのこと自体でもってその理論の欠陥と見なすのは，必ずしも正しいとは言えない．この余剰性に関して，チョムスキーは様々な著作の中で，ここで問題にしている UG が言語器官という一生物器官を取り扱う理論であることに着目して，生物器官であれば，一般にある機能を果たすのに余剰的で複合的な形式を備えていても何ら不思議ではない旨のことを述べている．以下の文章は，LGB からの引用である．

(53) Biological systems—and the faculty of language is surely one—often exhibits redundancy and other forms of complexity for quite intelligible reasons, relating both to functional utility and evolutionary accident.　　　　　　　　　　　　　　(*LGB*: 14)
(生物システムは（言語器官も確かにその一つなのだが）しばしば余剰性や他の複雑性を帯びた形式を，機能的な便利さとか進化上の偶然と関係したもっともな理由から具有している．)

この観点からすれば，SSC と TSC の間に余剰性が見られることを特段問題視する必要もないように思われる．しかしながら，生成文法理論の研究によって明らかになってきたことは，他の生物器官のこのような特性とは異なり，言語器官が示す特性が非余剰的で簡潔性を帯びたものであるということであった．これが，生成文法の最新のアプローチである「ミニマリスト・プログラム」(Minimalist Program) の根幹をなす知見である．この知見は，SSC と TSC の間に存する余剰性の問題からも支持されることとなる．というのは，Chomsky (1980) において示されたように，この余剰性を取り除く試みによって新たな成果が得られたからである．Chomsky (1980) では，まず SSC と TSC の間の余剰性を取り除くために，TSC が以下に掲げる**「主格島条件」**(**Nominative Island Condition**, 以下 **NIC**) によって置き

換えられた．

(54) 照応詞および代名詞が主格を持つ場合，その先行詞との照応関係に対して島として働く．

「島として働く」というのはこの場合，照応詞が主格を持つときには，その先行詞との照応関係は許されないが，代名詞が主格を持つときには照応関係が許されるということを意味する．この NIC によれば，(51a) では照応詞 themselves / each other が埋め込みの時制節の T から主格を受け取っているので，これ自身島を成し，その先行詞と照応関係が成り立たないことを正しく捉えることができる．また，(51b) では，代名詞 they が主格を持つので島を成し，よって，NIC により，その先行詞である the candidates と照応関係が成り立つことを正しく捉えることができる．このように TSC を NIC で置き換えると，上で問題となった余剰性の問題は解消される．

【問題7】 SSC と NIC を局所性に関する意味解釈条件と仮定すると，(52) の例に見られた余剰性の問題が解消されることを確認するために，この例文の非文法性がこれらの意味解釈条件によっていかに説明されるかを示せ．

このように TSC を NIC で置き換えることによって概念上の問題である余剰性を取り除くことができたが，その成果は概念上の問題に留まらず，経験上の利点をも獲得することとなる．以下の例文を考察してみよう．

(55) They$_1$ expected that pictures of each other$_1$ (each other$_1$'s pictures) would be on sale.

この例文において，each other は主節の they をその先行詞として取ることが可能であると言われる．

第4章 束縛理論 (Binding Theory)　　153

>【問題 8】 この照応関係が成り立つことを TSC によっては説明できないが，NIC によっては説明可能なことを示せ．また，以下の例文の文法性の違いを SSC と NIC を用いて説明せよ．

(56) a.　We$_1$ thought that pictures of each other$_1$ would be on sale.
　　　b. *We$_1$ thought that John's pictures of each other$_1$ would be on sale.

(LGB: 208)

したがって，(55) や (56a) のような例文は，TSC を NIC に置き換えることによって得られた具体的な経験的成果である．

さて，話を本題に戻すと，これまでは束縛条件 (A)，(B) は SSC と TSC を統一したより一般的な解釈条件として提示されてきたが，実際には SSC と NIC を統一した条件と位置づけるのが厳密には正しいこととなる．しかし上で仮定されてきた統率範疇の定義では，NIC で新たに説明可能となった (55) や (56a) の例を束縛条件 (A) によって説明することはできない．

>【問題 9】 上で仮定された統率範疇の定義では，(55) と (56a) の例を束縛条件 (A) によって正しく説明することはできないことを示せ．

この問題を解決するために，LGB では SUBJECT という概念に「**利用可能性**」(**accessibility**) という概念を付与している．「あるものが別のあるものに利用可能である」ということを以下のように定義している（ここでは LGB とは異なった節構造を仮定しているので，元々の定義の中では c 統御を用いていたものをここでは m 統御に置き換えている）．

(57)　α が β にとって利用可能であるとは，β が α の m 統御領域内に存在し，かつ β に α と同じ指標辞を付与した場合に，(58) の **i 内部の i 条件** (*i-within-i* Condition) に違反しない場合である．

(58) *[$_\gamma$ ... δ ...]，この構造において γ と δ が同一指標辞を持つ場合

(58) に定式化された i 内部の i 条件は，代名詞とその先行詞との間に働く条件としてその必要性が別個に確立されたものである．例えば，この条件によって，(59a) の each other と (59b) の his がそれらを含む DP 全体を指し示すことができないことを正しく捉えることができる．

(59) a. *[$_{DP1}$ the friends of each other$_1$'s parents]
b. *[$_{DP1}$ the owner of his$_1$ boat]

さて，LGB ではこの利用可能性という概念を用いて，統率範疇の定義を最終的に以下のように規定している．

(60) α にとっての統率範疇とは，α とその語彙統率者と α にとって利用可能な SUBJECT を含む最小の最大範疇である．

さらに，LGB では以下のことを仮定している．

(61) AGR はそれに対応する主語と同一指標辞を持つ．

これは AGR とそれに対応する主語が人称・性・数において一致を引き起こすことを示すものである．

以上のことを前提として，NIC で新たに説明可能となった (56a) の文法性がいかに説明されるのかを見ていく．まず，each other の語彙統率者は of である．問題は，この照応詞にとって利用可能な SUBJECT とはどれなのかということであるが，まず考えられるのは埋め込み節の T に存在するAGR である．この AGR は each other にとって利用可能であろうか．まず，each other はこの AGR の m 統御領域内に存在するので，(57) の前半部分の条件は満たしている．問題はその後半部分であるが，それを考察するためには，(56a) において指標辞がどのようにふられているのかをまず確認する必要がある．これまでの仮定からすると，この文は以下に示す指標辞を与えられることとなる．

(62) we$_1$ T(AGR$_1$) think that [$_{DP2}$ pictures of each other$_1$] T(AGR$_2$) would be on sale

第4章　束縛理論 (Binding Theory)

この表示において，それぞれの AGR がそれに対応する主語と同じ指標辞を持つのは，(61) の仮定による．また，この文において，each other は we を指し示しているので，同じ指標辞が与えられている．さて (57) の後半部分に述べられた利用可能性に関する条件に従って，埋め込み節の AGR が each other にとって利用可能かどうかを調べる．(57) に当てはめて言えば，α が AGR であり β が each other に相当するので，each other ($=\beta$) に AGR ($=\alpha$) と同じ指標辞を付与した場合に，each other の指標辞は 2 ということになるが，その場合 i 内部の i 条件に違反することとなる．というのは，2 という指標辞を持った each other が同じ指標辞を持つ主語 DP 全体に含まれているからである．よって，埋め込み節の AGR は each other にとって利用可能ではないということになる．したがって，この照応詞にとって利用可能な SUBJECT とは主節の主語 we もしくは AGR ということになり，それを含む最小の最大範疇は主節の TP であり，この領域において each other は we によって束縛されているので束縛条件 (A) を満たすこととなる．

【問題 10】　(51a, b) の文法性が (60) に掲げられた統率範疇の概念によって正しく捉えられることを示せ．また，以下の文の文法性を同様の仕方で説明せよ．ただし，(63), (64) に生起している冗語的 it は，第 2 章の X′ 理論のところでは，it が意味内容を持たないと仮定したが，ここでは it が that 以下を指し示すものとし，同一指標辞がふられていると仮定する．また，(65a) の there 構文においては，there と同一指標辞を持つ AGR は実際には be 動詞の後の DP と人称・性・数において一致していることに着目せよ (ex. There is a book on the table. vs. There are many books on the table.).

(63)　a.　They$_1$ think it is a pity that pictures of each other$_1$ are hanging on the wall.

　　　b.　*They$_1$ think he said that pictures of each other$_1$ are hanging on the wall.

(64) a. *They₁ think it bothered each other₁ that ...
　　 b. *He₁ thinks it bothered himself₁ that ...
　　 c. He₁ thinks it bothered him₁ that ...
(65) a. They₁ think there are some letters of each other₁ at the post office.
　　 b. *They₁ think he saw some letters for each other₁ at the post office.

(*LGB*: 214-215)

　これで，LGB において提示された束縛条件（A），（B）に関わる統率範疇の定式化の説明は完了するが，賢明な読者であれば，SSC と TSC（または NIC）をより一般的な束縛条件（A），（B）に還元するその仕方の説明に関して大きな疑問を抱くに違いない．というのは，前節までは，SSC と TSC を束縛条件に統一するのに鍵となる概念は，「語彙統率者」であることを述べたのに対して，本節では，SUBJECT という概念がそれに取って代わったような主張をしてきたからである．前節では，語彙統率者という概念を統率範疇の定義の中に組み入れ，統率範疇を「語彙統率者を含む最小の節」とすることによって，SSC と TSC によって捉えられていたデータを統一的に扱えることを述べた．それに対して，本節では，統率範疇が DP であるとしなければならないケースを挙げ，前節の統率範疇の定義では不備があることを指摘した．さらに，そのようなケースでは，主語が介在するかどうかが統率範疇の決定に影響を及ぼすことから，SSC の精神を復活させ，「主語」が統率範疇の決定に関わっていることを述べた．そして，SSC と TSC のケースを統一的に扱うために，主語と AGR をひとまとまりとして SUBJECT という概念を導入した．そうすると，本節の主張からすれば，SSC と TSC をより一般的な束縛条件（A），（B）に統一するのに決定的な役割を担っているのは，SUBJECT という概念であることになる．ここから自然と沸いてくる疑問は，統率範疇の定義の中に「語彙統率者」という概念が必要なのか，ということである．仮に，(60) に述べられた統率範疇の定義から語彙統率者という概念を取り去り，以下のように再定義したとしても，これまで掲げら

第4章　束縛理論 (Binding Theory)

れた束縛条件 (A), (B) に関わるデータの説明が変わってくるであろうか.

(66) α にとっての統率範疇とは, α と α にとって利用可能な SUBJECT を含む最小の最大範疇である.

答えは否である. 読者には, これまで提示してきたデータをしらみつぶしにチェックしてほしいが, ここでは, そもそも語彙統率者の概念を持ち出すきっかけとなった以下のデータを考察する.

(67) a. The candidates$_1$ expected [themselves/each other$_1$ to win].
b. *The candidates$_1$ expected [them$_1$ to win].
(68) John$_1$ seems [t_1 to like Bill].

これらの例では, 照応詞, 代名詞および DP 痕跡が埋め込み節の主語の位置に生起しているが, これらの要素の語彙統率者が主節の動詞 expect および seem であることから, 統率範疇を「語彙統率者を含む最小の節」とすることによって, これらの要素の統率範疇は文全体となる. その中で, (67a) と (68) では, 照応詞と DP 痕跡がそれぞれ the candidates と John によって束縛されているので, 束縛条件 (A) により, これらの照応関係は成立するが, (67b) では, 代名詞 them が the candidates に束縛されているので, 束縛条件 (B) により, この照応関係は成立しない. したがって, これらのデータが, 語彙統率者を統率範疇の定義の中に組み込む経験的動機づけを成すものである.

【問題 11】 (67) と (68) のデータを (66) の統率範疇の定義を用いても, 束縛条件 (A), (B) によって正しく説明できることを示せ.

以上のことから得られる結論は, 統率範疇の定義は, 語彙統率者という概念を取り除いた (66) で構わないことになる. 実際, LGB ではその可能性に触れ, (66) にはもはや「統率」という概念が含まれていないので, 束縛条件 (A), (B) にとって問題となる領域を統率範疇と呼ぶ代わりに,「**束縛範疇**」(**binding category**) とでも呼ぶべきであることが示唆されている. し

かしながら，LGB では (66) ではなく，語彙統率者の概念を含む (60) を束縛条件 (A), (B) にとって問題となる領域として最終的に採用している．その理由は，後に考察する PRO の分布に関係する．PRO は統率されない位置のみに生起できるという一般化に基づき，LGB ではこの一般化が PRO が照応詞でもありかつ代名詞でもあるという特性から導き出している．すなわち，PRO はその特性により，束縛条件 (A) と (B) の両方の適用を受けるが，この相反する要求をする条件を同時に満たす方法は，PRO が統率範疇を持ちえない場所に生起した場合，すなわち，統率されない位置に生起した場合に限られ，その結果，PRO はそういう位置にしか生起できないことを導き出している．このように PRO の分布を捉えるやり方は，統率の概念を含まない (66) の定義からは導き出せないことに着目してほしい．逆に言えば，PRO の分布を導き出すという要請があったがゆえに，(66) ではなく (60) を採用せざるを得なかったということになる．しかしながら，単純に (66) と (60) の定式化を比べれば，上でも触れた「余剰性」の観点から，(66) のほうが好ましいことは一目瞭然である．この点において，束縛条件 (A), (B) にとって問題となる領域を (66) のような束縛範疇ではなく (60) のような統率範疇とすることは，大きな問題点を抱えていることになる．

　また，経験的問題も指摘しておく必要がある．LGB で定式化された束縛条件 (A), (B) は，互いに相反する条件を課すことによって，照応詞と代名詞の間に成り立つとされる相補分布 (complementary distribution) を捉えるというもくろみがある．確かに，これまで考察してきたデータにおいては，この相補分布が成立している．しかしながら，この「相補分布が成立する」という一般化が本当に正しいものなのかどうかは疑問の余地がある．というのは，以下の例文に見られるように，相補分布が崩れるように思われるケースが存在するからである．

(69) a. We$_1$ read each other$_1$'s books.
　　 b. John$_1$ read his$_1$ books.

この対において，照応詞 each other と代名詞 his は両方とも read の補部に生起する DP の主語の位置に生起し，文全体の主語をその先行詞として取っ

ている．したがって，この例は明らかに，照応詞と代名詞とが相補分布を成すという一般化に対する反例（counter-example）と考えられる．

【問題 12】 上で定式化された束縛条件（A），(B) によって (69) のデータがいかに説明されるかを示せ．

この問題に対して，LGB では，DP の主語に所有格の形で生起する代名詞は，束縛条件 (B) が適用するという意味での代名詞と決めてかかる必要はなく，再帰代名詞の所有格形が英語ではたまたま代名詞の所有格形と同形であると見なす可能性があるという示唆が成されている．この主張の根拠には，英語では，再帰代名詞自体が，以下に示すように所有格形を取ることはないという事実が挙げられる．

(70) *myself's / yourself's / himself's / herself's / ourselves's / yourselves's / themselves's books

この主張に従えば，所有格の代名詞は，再帰代名詞の所有格かもしくは普通の代名詞の所有格かの二通りの可能性があるので，(69b) に生起する his は再帰代名詞の所有格と見なせば，その統率範疇内において先行詞である John によって束縛され，束縛条件 (A) により，正しく his と John の間に照応関係が成り立つことを捉えることができる．この主張はそれなりの根拠は持つものの，小手先の解決方法という感は否めず，後に束縛理論が改良されるに伴って，別の分析が取られるようになった．また，照応詞と代名詞とが相補分布を成すという一般化に対するもっと決定的な反例が Lasnik (1989) によって指摘されている．以下の文を考察してみよう．

(71) a. They₁ expected that pictures of each other₁ would be on sale.
　　 b. They₁ expected that pictures of them₁ would be on sale.

【問題 13】 上で定式化された束縛条件（A），(B) によって (71) のデータがいかに説明されるかを示せ．

この問題に対する解決法は，LGB では提示されておらず，(69) の問題共々，その解決策は，Chomsky (1986a) まで待たなければならない．(71b) のデータが LGB の束縛理論の枠組みで説明できなかったということは，今振り返って見れば，わざわざ「利用可能性」という概念を SUBJECT に課す必然性がどれ程あったのか疑念を抱かざるを得ない．というのは，この概念を導入すれば，(71a) のデータを正しく捉えることができるが，その反面，(71b) のデータをうまく扱えないのに対して，この概念を取り払うと，状況が単に逆転するだけだからである．すなわち，(71b) を正しく捉えることができるようになるが，(71a) を正しく扱えなくなるというふうに．さらに言えば，そもそも (71a) は，意味解釈条件間の余剰性を取り除くために，TSC を NIC に置き換えたことによる「副産物」と考えられていたが，この場合にも，TSC とは異なり，NIC が (71b) を正しく扱えないことから，(71a) のような文を NIC の副産物と見なすのにはそもそも問題があったということにもなろう．

4. 束縛条件の適用レベル

本節では，上で示した束縛条件 (A), (B), (C) が文法モデルのどの表示レベルで適用するのかを考察する．それには，まず LGB で仮定されていた文法モデルを確認する必要がある．それは，深層構造，表層構造という表示レベル以外に論理形式 (Logical Form, LF) と呼ばれる表示レベルが設けられたモデルであり，この LF で意味解釈規則が適用される．この文法モデルは，Chomsky (1975, 1976) によって最初に提唱されたモデルであり，以下のようにまとめられる．

(72) 深層構造

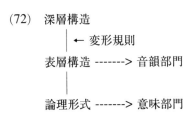

これに対して，LGB で仮定されている文法モデルは以下のようなものである．

(73)　D 構造 (D-Structure)
　　　　　│← Move α
　　　　S 構造 (S-Structure) → 音韻部門 → 音形式 (Phonetic Form, PF)
　　　　　│
　　　　論理形式 (Logical Form, LF)

まず，深層構造と表層構造は，「深層」や「表層」から連想される様々な無用の観念に基づく誤解を避けるため，LGB では単に D 構造と S 構造と呼ばれるようになった．しかし，表示レベルとしての役割は，実質的に Chomsky (1975, 1976) のものと変わってはいない．また，変形規則が Move α に置き変わっているが，これについては第 3 章で述べた通りである．また，(73) で音韻部門の出力として音形式 PF が加わっているが，これは LF との対比で強調されるようになったに過ぎず，(72) の文法モデルにおいても暗に仮定されていたもので，実質的な変更はない．大きな変更点は，LF の位置付けにある．まず，(72) では LF が意味部門に送られることが明示されているが，これは Chomsky (1976) において「LF 表示は，他の認知システム（例えば論理システムや概念システムなど）の表示と共に，SI2 と呼ばれる意味解釈規則によって意味表示が与えられる」とする主張に基づいている．それに対して，LGB では LF が他の認知システムとどのような関わりを持ち，どのような意味表示を与えるかに関しては，踏み込んだ主張を控え，LF 表示を PF 表示と対をなす文法モデルの意味側の出力表示と見なしている．最大の相違点は，S 構造から LF を導き出すのに関わっている規則である．(72) のモデルでは，表層構造から LF を導き出す規則の中核として考えられていたのは，意味解釈規則であった．例えば，wh 句に対しては，以下のような意味解釈規則が仮定された．

(74) a.　表層構造において Comp に移動した wh 句は，LF においてその位置で作用域を取る．

b. 表層構造において Comp に移動していない wh 句は，すでに Comp に移動した wh 句のうちでそれを c 統御するものと同じ作用域を取る．

これらの解釈規則に従って，例えば (75a) のような多重 wh 疑問文 (multiple *wh*-question) は (75b) のような LF 表示を持つとされた．

(75) a. What did you give to whom?
   b. for which thing *x*, for which person *y*, you gave *x* to *y*

また，SSC や TSC など，上で束縛条件 (A)，(B)，(C) によって置き換えられた意味解釈条件はすべて表層構造から LF 表示を導き出す過程で適用するものとされていた．

これに対して，LGB では，S 構造から LF 表示を導き出す規則の中核となるのは，D 構造から S 構造を導き出すのと同様，Move α とされた．この新しい考えの下では，例えば，(75a) の派生は以下のようになる．

(76)　DS: you Past give what to whom
　　　　　　↓ overt *wh*-movement, SAI, *Do*-Support
　　　SS: what$_1$ do + Past you give t_1 to whom
　　　　　　↓ covert *wh*-movement
　　　LF: what$_1$, whom$_2$ do + Past you give t_1 to t_2

(76) の LF 表示は，実質的には (75b) と同様の内容を持つ表示と見なして差し支えないが，大きな違いは，(75b) では whom が文全体の作用域を取ることを捉えた規則が (74b) の意味解釈規則であったのに対して，(76) でその役割を担っているのは，音形に影響を与えない不可視 WH 移動規則 (covert *wh*-movement) であるという点である．また，数量詞句の作用域を決定するのに不可視移動規則が関わっているという提案が May (1977) によってなされていたが（この規則は数量詞繰り上げ規則 (Quantifier Raising, 以下 QR) と呼ばれるようになった），LGB でもこの提案が採用されている．このやり方に従えば，例えば，(77a) の LF は，(77b) のように派

生される．

(77) a. Mary likes every boy.
    b. SS: Mary like + Pres every boy
              ↓ QR
      LF: every boy Mary like + Pres t

このように，LGB で仮定された文法モデルでは，不可視移動が S 構造から LF を導き出す規則の中核を成すと見なされていた．これに伴って，束縛条件 (A), (B), (C) のような意味解釈条件は，ある表示レベルを導き出すための規則というのではなく，表示レベルそのものに適用するものと改められた．それでは，この新たな枠組みの中で，これらの束縛条件はいったいどの表示レベルで適用すると考えるのが妥当であろうか．LF 表示が意味側の出力表示であることを思えば，これらの束縛条件が LF に適用すると考えるのは，ごくごく自然なことである．しかしながら，経験的には，これらの条件が S 構造において適用しなければならないことを示す証拠がある．まず，束縛条件が D 構造ではなく S 構造で適用しなければならないことを示すデータがある．

(78) a. *It seems to each other$_1$ that John and Mary$_1$ are smart.
    b. John and Mary$_1$ seem to each other$_1$ to be smart.
(79) a. It seems to Mary$_1$'s mother that she$_1$ is honest.
    b. *She$_1$ seems to Mary$_1$'s mother to be honest.

【問題 14】 これらのデータを用いて，束縛条件 (A), (C) が D 構造ではなく S 構造で適用しなければならないことを説明せよ．

さらに，束縛条件 (A), (C) が LF で適用すると仮定すると，うまく説明できないデータが存在する．

(80) a. Dan$_1$ wonders which pictures of himself$_1$ John bought t where.
    b. *Dan$_1$ wonders where John bought which pictures of himself$_1$.

　　　　c. *Dan$_1$ wonders where John bought every picture of himself$_1$.
(81)　a.　Which book that John$_1$ read did he$_1$ like?
　　　　b. *I don't remember who thinks that he$_1$ read which book that John$_1$ likes.
　　　　c. *He$_1$ liked every book that John$_1$ read.

上述したように，LGB では S 構造から LF を導き出す規則として，不可視 WH 移動規則と QR を仮定しているが，この仮定の下で，束縛条件 (A), (C) が LF で適用すると (80) と (81) のデータを正しく説明できない．

【問題 15】　そのことを示せ．また，束縛条件 (A), (C) が S 構造で適用すると仮定するとこれらのデータをすべて正しく説明できることを示せ．

以上の考察から，束縛条件 (A), (C) は S 構造で適用しなければならないことがわかる．これまで，束縛条件 (B) については考慮してこなかったが，その理由は，この条件についてどの表示レベルで適用するのが妥当であるかを決定的に示す証拠を探すことができなかったためである．読者には，そのような証拠をぜひ自分で探し当ててみて頂きたい．ここでは，単に他の束縛条件との統一性の観点から，束縛条件はすべて S 構造で適用するものであると結論付けておく．

5. 束縛理論に基づく空範疇の分類

　上で見てきたように，LGB では，代名詞の高さ関係や近さ関係に関する意味解釈条件を，束縛条件 (A), (B), (C) という形できれいにまとめ上げられている点で，相当程度の進歩が見られたことは疑いない．しかしながら，LGB の功績は，この束縛理論自体を作り上げたことに留まらず，この理論を空範疇の分布を捉える方策として用いている点において顕著である．本節では，この点を解説する．
　まず，束縛条件の定式化は，DP が少なくとも三種類に分類できるという

第 4 章　束縛理論 (Binding Theory)　　　　165

観点から成り立っていることに注目してほしい．すなわち，照応詞と代名詞と R 表現である．Chomsky (1982) では，この三種類の DP を [±a(naphor)] と [±p(ronominal)] という素性を用いて分類している．[+a] は照応詞的なものとして束縛条件（A）に従うことを意味し，[+p] は代名詞的なものとして束縛条件（B）に従うことを示している．また，両方の素性の値がマイナスの場合は，照応詞的でも代名詞的でもないことから，R 表現として束縛条件（C）に従うものとする．そうすると，論理的可能性としては，以下の四種類の DP が存在するはずである．

(82) a.　[+a], [−p]：　照応詞
　　 b.　[−a], [+p]：　代名詞
　　 c.　[−a], [−p]：　R 表現
　　 d.　[+a], [+p]：　×

しかしながら，論理的可能性が四種類であるにもかかわらず，実際には三種類しか存在しないのはなぜであろうか．それは，(82d) に示した [+a] と [+p] を持つ DP は，束縛条件（A）と（B）の両方の適用を受けることになるが，この二つの条件が相反することを要求していることから，このような素性指定を持つ DP は存在しえないからである．したがって，[±a] と [±p] の素性を用いることによって，なぜ DP は三種類存在するのかに対して，原理的な説明を与えることが可能となる．

LGB では，この DP の分類が空範疇にまで及ぶことを主張している．

(83) a.　[+a], [−p]：　DP 痕跡
　　 b.　[−a], [+p]：　pro
　　 c.　[−a], [−p]：　変項
　　 d.　[+a], [+p]：　PRO

以下，(83) の各々の空範疇について説明を加えていくが，もしこの分類がそれなりの妥当性を持つものであれば，これは驚くべき発見である．表面上は，文の発音されない空所に相当するものが，実は，その現れる環境に応じて，(82) に示した発音される DP と同様の分類が可能であるというのであ

る．これは，UG の解明にも多大な貢献を果たすことが期待される．というのは，このような空範疇の特性が，子供が後天的に経験から学んだこととは到底考えることはできず，UG が持つ先天的な諸概念もしくは諸原理の特性の反映と見なすほうが，理に適っているからである．とりわけ，このような空範疇の特徴づけが可能なことは，UG の構成物として，(82) や (83) のような DP の分類とその背後に関わっている束縛理論の妥当性を裏付けるものと言える．

5.1. DP 痕跡

さて，以上の点を踏まえた上で，(83) に提示された空範疇を一つ一つ考察していく．まず，(83a) の DP 痕跡が [+a], [-p] に分類されることについては，上で述べた通りである．概念的には，DP 痕跡はそれ自身固有の指示性を持たないがゆえに常に先行詞を必要としているという点において，照応詞的であると考えられる．また，経験的にも，DP 痕跡とその先行詞との間に見られる局所性が，照応詞に課せられる局所性と類似していることについては，第 3 章 3.2 節で述べた通りである．

ただし，ここで一言注意しておきたいことは，両者に見られる局所性が全く同じになるわけではないということである．以下の文を考察してみよう．

(84) a. The men$_1$ expected that pictures of themselves / each other$_1$ would be on sale.
　　b. *The men$_1$ were expected that pictures of t_1 would be on sale.
(85) *John$_1$ seems that it is certain [t_1 to like ice cream].

【問題 16】 (84b) と (85) の文が，束縛条件 (A) に違反していないことを示せ．

LGB では，(84b) と (85) は下接の条件違反とされている．下接の条件は移動に対する条件であることから，操作詞移動のみならず格移動にも適用することが期待されているので，この主張はごく自然なものであると言える．

第4章 束縛理論 (Binding Theory)　　　　　　　　　　　　　167

【問題 17】 (84b) の the men の格移動が下接の条件に違反することを示せ．

(85) については，説明を要する．この文の John の移動は，TP または DP を循環節点とする下接の条件の定式化においては，その非文法性を容易に説明できるように思われるかも知れないが，上で (42) の例文の文法性を説明するのに，下接の条件のただし書きとして「不定詞節を成す TP は循環節点を成さない」と仮定したことを思い起こしてほしい．そうすると，(85) では，certain の補部に位置する不定詞節の TP は循環節点とは見なされず，結果として，John の移動で越える循環節点は that 以下の TP のみということになってしまう．LGB でもこの問題に触れ，ある解決法を示唆してはいるが，それは言ってみれば対症療法的であり，根本的な解決策は，(42) のところでも触れたように，Chomsky (1986b) の *Barriers* まで待たなければならない．ここでは，単につじつま合わせとして，以下の二点を仮定しておく．

(86) a. CP 指定部の脱出口 (escape hatch) は，操作詞移動にのみ利用可能である．
　　 b. 時制節において，TP-CP を一度に越した場合は，循環節点を二つ越えたものと見なす．

(86a) の条件は，少なくとも正しい一般化としてよく仮定されるもので，その背後にある直感は，CP 指定部は一般に操作詞移動の着地点として用いられていることから，それが順次循環移動 (successive-cyclic movement) を可能にする脱出口として働く場合も，そこに立ち寄る潜在的能力を持つ操作詞移動にのみ利用可能とするものである（また，5.3 節での不適切移動 (improper movement) の議論を参照のこと）．この仮定によって，(85) では，John は主節の TP 指定部まで一気に移動することになり，その際，時制節の TP-CP の連鎖を一度に越してしまい，(86b) の仮定により，下接の条件違反となる．以上をまとめれば，格移動に課せられる局所性は，束縛条件

(A) のみならず，下接の条件によっても導き出されることを見てきた．これは，原理・パラメーターモデルにおける典型的な説明パターンを示す好例とみなすことができる．というのは，ある構文のある特性（この場合であれば局所性）がその構文特有の規則から導き出されるのではなく，独立に確立された普遍的原理の相互作用として結果的に導き出されることを端的に示しているからである．

5.2. 代名詞 pro

次に，[－a], [＋p] の素性を持つ pro についてであるが，この要素は，その素性指定から明らかなように，その先行詞の有無や先行詞が存在した場合の構造関係は，基本的に普通代名詞と同様の特性を示し，束縛条件（B）の適用を受けることによって，それらの特性の少なくとも中核部分は把握可能である．他方，この要素についてのより興味深い問題は，その分布にある．まず，pro がそもそも個々の言語に生起可能かどうかについて差異が生じる．英語には pro は存在しないと考えられているが，イタリア語やスペイン語などのいわゆるロマンス諸語においては，典型的には時制節の主語の位置にこの pro が生起可能である．例えば，(87a) に挙げられた英語の文は，pro を許す言語では，(87b) に表示されたように，主語の代名詞を省略することができる．

(87)　a.　I / You / He / She / We / They left.
　　　b.　pro LEFT＋INFL

直感的に言えば，(87b) のような pro を許す言語では，英語とは異なり，動詞の屈折（inflection）が豊かなので，主語代名詞が発音されなくても，その人称・性・数を動詞の屈折から復元可能であるため，pro が生起可能であると考えられる．このように，言語によって pro の生起に関して違いがあることから，これをパラメーターに帰し，「**pro 落としパラメーター**」（**pro-drop parameter**）と呼んでいる（この場合の pro は発音される普通代名詞を指し，普通代名詞が落ちるか落ちないかに関するパラメーターであり，文字通り pro が落ちるかどうかを意味するものではないことに注意されたい）．このパラ

メターが，(87b) のようなデータを基にして，単に pro の生起可能性を決定するパラメーターなのか，それとも何かより深い普遍原理と結び付いたパラメーターで，pro の生起可能性は単なるその原理からの必然的帰結なのかどうか，そしてその場合，その関わりのある原理とはいかなるものかという問題については，今でも盛んに議論されている．例えば，このパラメーターは，(87b) に示したように，動詞と主語または目的語との間の一致 (agreement) 現象と関わりがあるという主張はよく成されているが，その反面，中国語，韓国語そして日本語などを観察すると，これらの言語では一致現象が見られないにもかかわらず，ロマンス諸語等よりも pro の生起が自由である．例えば，以下の日本語を考察しよう．

(88) 「最近，雄一郎に会った？」「うん，昨日会ったよ．」

この会話の最初の文では，主語の「あなた」が省略され，それに対する応答文では，主語の「私」と共に，「雄一郎」を指し示す目的語が省略されている．このように，日本語のような一致現象が見られない言語において，pro がこれ程広範に生起できるのはなぜかという問題は，まだ十分な解決を与えられてはいない．pro については，これだけに留め，次に，[−a], [−p] の素性を持つ変項に話を進める．

5.3. 変項と束縛条件 (C)

変項については，第3章3.2節でも述べたように，当初，DP 痕跡同様，SSC と TSC に従うという主張がなされたが，Chomsky (1977b) に至って，そのように主張する経験的動機づけがほぼ消失し，LGB において，変項は SSC と TSC に取って代わった束縛条件 (A) には従わないことが，はっきりと結論づけられた．これに対して，変項を [−a], [−p] と分類することを強力に支持するデータが存在する．それは，以下に例示された「**強交差**」(**strong crossover**) の現象と呼ばれているものである．

(89) a. Who$_1$ t_1 said Mary had kissed him$_1$?
    b. *Who$_1$ did he$_1$ say Mary had kissed t_1?

(89a) では，him は who を指し示すことが可能であるが，(89b) では he は who を指し示すことができない．この指示関係が成り立たない場合の構造関係を見ると，who が代名詞の he と交差して文頭に移動し，かつ he が who の痕跡を c 統御している．このように代名詞と痕跡の間に c 統御が成り立つ場合が「強交差」の現象で，以下の例文のように，wh 句が移動によって代名詞と交差してはいるが，その代名詞が wh 句の痕跡を c 統御しないような場合を「**弱交差**」(**weak crossover**) と呼ぶ．

(90) ?*Who did his$_1$ mother say Mary had kissed t_1?

(90) も基本的には容認不可能な文と見なされるが，その度合いが (89b) ほど強くないというのが，「弱」交差と呼ばれるゆえんである．この文がなぜ容認不可能なのかについては，直接ここでの議論とは関係ないので，単にデータの提示に留めておく．さて，強交差の例に戻ると，(89) の who の痕跡である変項の振る舞いが，R 表現と同様であることが，この変項の位置を R 表現で置き換えた以下の例から見て取ることができる．

(91) a. John$_1$ said Mary had kissed him$_1$.
    b. *He$_1$ said Mary had kissed John$_1$.

(91a, b) の文法性の違いは，束縛条件 (C) によって容易に説明がつく．すなわち，(91a) では，John は自由なので him は John を指し示すことができるのに対して，(91b) では，John は he によって c 統御されるため，束縛条件 (C) により，he は John を指し示すことはできない．同様に，変項を [−a], [−p] と見なせば，(89a, b) の文法性の違いを束縛条件 (C) によって説明することができる．ただし，これには一つ条件がつく．それは，変項がその操作詞である wh 句によって束縛されることは，束縛条件 (C) に抵触するものではないということである．この事実を捉えるために，LGB では，束縛条件で問題とする「束縛」は，直感的に言えば項が生起する位置からの束縛であり，操作詞が生起する位置からの束縛は無関係であるとする．項が典型的に生起する位置，すなわち，語彙範疇の指定部と補部，および TP と DP の指定部を A(rgument) 位置と呼び，それ以外の位置を

第 4 章　束縛理論 (Binding Theory)

A′ 位置と呼ぶ．そうすると，束縛条件は，以下のように定式化し直すことができる．

(92)　(A)　照応詞はその統率範疇において A 束縛されなければならない．
　　　(B)　代名詞はその統率範疇において A 自由でなければならない．
　　　(C)　R 表現は A 自由でなければならない．

この定式化において，A 束縛とは，A 位置にある句によって束縛されることであり，A 自由とは，A 位置にある句によって束縛されていないことを意味する．この再定式化によって，これまで束縛条件によって説明してきたデータは，依然として同様の扱いを受け，何ら実質的変更点はない（できれば，読者自身によって確認してほしい）．それに対して，(89) のデータを説明するには，この再定式化が必要である．

【問題 18】　(92C) に再定式化された束縛条件（C）を用いて，(89) の文を説明せよ．

さらに，束縛条件（C）を変項に適用する場合にはただし書きが必要である．それは，空操作詞が関わる構文を考察すると明らかになる．

(93)　a.　John is too clever [PRO to expect us to catch Bill].
　　　b.　John is too clever [PRO to expect us to catch].

(93a) では，PRO は John を指し示しているが，(93b) のように catch の目的語を省略すると，その目的語が John を指し示し，PRO は一般的な人を指し示す．これらの事実をいかに捉えることができるであろうか．まず，(93a) において PRO が John を指し示すという事実は，以下のような PRO の解釈規則によって捉えることができる．

(94)　PRO は同一文内でそれを c 統御する DP のうち，最も近くにある DP を指し示せ．

この解釈規則によれば，(93a) の PRO は John を指し示すことになる．これに対して，(93b) では，catch の目的語に相当するものが John を指し示している．この事実は，以下に示す通り，(93b) のような構文に空操作詞移動が関わっていると仮定することで，説明可能である．

(95)　John is too clever [$_{CP}$ OP$_1$ [$_{TP}$ PRO to expect us to catch t_1]]

この表層構造において，OP$_1$ は PRO と同様，代名詞としての働きを成していると考えられるので，(94) の解釈規則の適用を受けるものと仮定する．そうすると OP の先行詞は John ということになる．それでは，(95) の構造において PRO は何を指し示すであろうか．(94) の解釈規則によればやはり John を指し示すはずであるが，事実としてそれは不可能である．このことは，OP の痕跡が変項として束縛条件（C）に従うと仮定すれば，簡単に説明がつく．

【問題 19】　(95) の構造において，PRO が John を指し示せないことを，束縛条件（C）を用いて説明せよ．

この結果，(95) において PRO が指し示すことができる DP が存在せず，PRO は一般的な人を指すことになる（このような PRO を「任意の PRO」(arbitrary PRO) と呼ぶ）．したがって，(95) に指標辞を施せば以下のようになる．

(96)　John$_1$ is too clever [$_{CP}$ OP$_1$ [$_{TP}$ PRO$_{arb}$ to expect us to catch t_1]]

賢明な読者であれば，この構造は束縛条件（C）の違反になることに気が付くであろう．というのは，変項 t_1 が John によって A 束縛されているからである．これは明らかに間違った帰結である．この構造とこれまで見てきた変項が関わる構造とで大きく異なるのは，前者では A 束縛するものが操作詞の外側に位置しているのに対して，後者では操作詞の内側に位置している点である．そうすると，束縛条件（C）が変項に対して及ぶ範囲をその操作詞内に限れば，(96) で生じた問題を回避することができる．LGB では概略

以下のように定式化された.

(97)　変項はその操作詞の領域内で A 自由でなければならない.

(97) によれば, (96) の変項 t_1 は OP の領域内で A 自由なので束縛条件 (C) には違反しないことになる. このように, 変項の場合は, R 表現とは異なり, 「その操作詞の領域内で」という領域指定が必要となるが, それがなぜなのかは LGB の段階では明確になっていない. この問題については, Barss (1986) が興味深い解決を与えているので, そちらを参照されたい.

　変項を [−a], [−p] と見なすことから得られる更なる帰結が, いわゆる**「不適切移動」**(**improper movement**) に関して生じる. 不適切移動とは, ある句が A′ 位置に移動した後に A 位置に移動する場合のことを言う. 例えば, 以下の例を考察しよう.

(98)　*Who seems John will see?

この文を派生するのに, who が see の補部の位置から EPP を満たすために主節の TP 指定部に移動し, その後, CP 指定部に移動したものと仮定する. そうすると, 以下のような表層構造が得られる.

(99)　*[$_{CP}$ who$_1$ [$_{TP}$ t'_1 seems [$_{CP}$ [$_{TP}$ John will see t_1]]]]

この構造において, t_1 は主節の TP 指定部への格移動によって残された DP 痕跡なので, 束縛条件 (A) に従う. そうすると, この痕跡はこの条件に違反し, (99) の派生が非文法的であることになる (ちなみに, t_1 から t'_1 の移動は, (86b) に従えば, 下接の条件にも違反することになる). これに対して, そのような局所性の条件に違反しないように, who が主節の TP 指定部に移動する前に埋め込み節の CP 指定部へ立ち寄ったとする. そうすると, 以下のような表層構造が得られる.

(100)　*[$_{CP}$ who$_1$ [$_{TP}$ t''_1 seems [$_{CP}$ t'_1 [$_{TP}$ John will see t_1]]]]

この派生では, who が一度埋め込みの CP 指定部の位置, すなわち A′ 位置に移動した後に, 主節の TP 指定部への位置, すなわち A 位置に移動して

いるので,「不適切移動」である．この不適切移動は，いかにして排除できるであろうか．(100) の構造において，t_1 は CP 指定部への移動によって残された痕跡なので，変項と見なすのが最も妥当である．このように仮定すれば，(100) の非文法性は (97) の条件によって説明がつく．

【問題 20】 (100) の構造が非文法的であることを説明せよ．

5.4. PRO の定理

最後に PRO の扱いであるが，LGB ではこの要素を [+a], [+p] という素性を持つものとした．上で，[+a] と [+p] を持つ DP は，束縛条件 (A) と (B) の両方の適用を受けることになり，この二つの条件が相反することを要求していることから，このような素性指定を持つ DP は存在しえないことを，発音される DP について述べた．そうすると，なぜこのような素性指定が PRO に対して可能となっているのか疑問に思われることであろう．この問いに直接答える前に，そのお膳立てとして，LGB 以前の PRO の扱いについて簡単に述べておきたいと思う．

Chomsky (1980)（この論文は "On Binding" というタイトルで，LGB に対して OB と略される）では，PRO は，DP 痕跡同様，照応詞として扱われ，SSC と NIC に従うものとされた（OB では束縛条件 (A) はまだ提案されていない）．この分類は，PRO の照応的特徴を考慮すれば，ごく自然な仮定である．というのは，PRO は他の照応詞同様，それ自身固有の指示性を持たず，その指示内容はもっぱらその先行詞に依存しているからである．この仮定によって，PRO が典型的に不定詞節の主語の位置に生起することを正しく捉えることができる．以下の例文を考察しよう．

(101) a. John told Bill who to visit.
　　　b. *John told Bill what should do.

(101a) の文では，論理的可能性として，who は visit の主語とも目的語とも解されそうであるが，実際には who の目的語と解されなければならない．

第 4 章 束縛理論 (Binding Theory)

この二つの意味解釈に対応する LF 表示は以下のようなものであろう．

(102) a. John told Bill$_1$ [who$_2$ [PRO$_1$ to visit t_2]]
　　　b. *John told Bill$_1$ [who$_2$ [t_2 to visit PRO$_1$]]

(102a) は (101a) の正しい意味を表した LF 表示であるが，この表示において，PRO とその先行詞である Bill との照応関係は SSC にも NIC にも違反していない．これに対して，(102b) の LF 表示では，who は visit の主語と解され，目的語には PRO が生起しているが，この PRO とその先行詞である Bill との照応関係は SSC に違反している．したがって，(101a) の文が (102b) に対応する意味解釈を許さないことを正しく捉えることができる．また，(101b) の文は，do と what の意味関係上，what は do の主語ではなく目的語と解されなければならないが，そうするとこの文は以下のような LF 表示をもつことになる．

(103) *John told Bill$_1$ [what$_2$ [PRO$_1$ should do t_2]]

この表示において，PRO とその先行詞である Bill の照応関係は NIC に違反している．(101b) の文には他のいかなる文法的な LF 表示を与える可能性がなく，したがって，この文の非文法性を正しく捉えることができる．

【問題 21】 以下の文の文法性を PRO が照応詞であるという仮定を用いて説明せよ．

(104) a. John bought the dog [__ to give __ to Mary].
　　　b. John bought the dog [__ to give bones to __].
　　　c. *John bought the dog [for Bill to give __ to __].
(105) *John bought Bill the dog [__ to give __ to __].

(Chomsky (1980: 42-43))

このように，PRO が SSC と NIC の適用を受けると仮定することによって，PRO が典型的には不定詞節の主語の位置にしか生起できないことを捉える

ことができるが，いくつか重大な問題が生じる．まず，以下の例文が示すように，すべての不定詞節の主語の位置に PRO が生起できるわけではない．

(106) a. *I₁ believe [PRO₁ to be honest].
b. *I₁ want (very much) [for PRO₁ to win the race].

この両文において，PRO は主節の主語の I を指し示すことができるはずであるが，実際には非文法的である．また，(107a) の each other は SSC にも NIC にも違反しないことから，その文法性を説明できるが，each other を PRO によって置き換えた (107b) は非文法的である．

(107) a. They₁ expected that pictures of each other₁ would be on sale.
b. *They₁ expected that pictures of PRO₁ would be on sale.

明らかに，(107b) の非文法性は SSC によっても NIC によっても説明不可能である．また，これまでの反例とは逆に，PRO が SSC や NIC に従っていると仮定すれば成立しないはずの照応関係が，実際に成立している場合が存在する．

(108) They₁ thought that I said that [PRO₁ to feed/feeding each other₁] would be difficult. (*LGB*: 78)

この文において，PRO は each other の先行詞の働きをしていることから，複数形の DP をその先行詞として取っているはずであるが，そうすると I はその先行詞とはなれず，they のみがその先行詞と考えられる．(108) の文が文法的であることから，この照応関係が許されていることになるが，これは明らかに SSC 違反である．したがって，この例は，PRO とその先行詞との照応関係をつかさどる条件として，SSC や NIC のような条件が関わっていないことを示唆している．

このような例を基にして，LGB では，PRO を [+a], [−p] と分類するのを断念している．これまでの PRO についての考察から，二つの問題点が浮かび上がってくる．一つ目は，(106) や (107) の例で示された PRO の分布に関する問題である．これらの例が示していることは，PRO とその先

行詞との構造関係とは別個に，PROが生起できる位置が限られているという事実である．このPROの分布をいかに捉えるのかが第一の問題点である．第二番目は，PROとその先行詞との間に働く局所性条件とはいかなるものであるかということである．(108) に端的に示された通り，その条件がSSCやNICで捉えられるようなものではないことは明らかである（ちなみにこれまで仮定してきた (94) の解釈条件をもってしても，(108) の例を説明できないことに留意してほしい）．

LGBでPROを [+a], [+p] とした理由は，PROの分布の問題と絡む．この点を明らかにするのに，まず初めにPROがどのような位置に生起できるかを考察する．PROは，典型的には，不定詞節の主語の位置に生起し，(103) に示された通り，時制節の主語には生起できない．また，不定詞節と言っても，(106) に示された通り，動詞 believe に続く不定詞節やCである for に続く不定詞節の主語の位置には生起できない．また，以下に示した通り，動詞や前置詞の目的語の位置にもPROは生起できない．

(109) a. *John likes PRO.
　　　b. *John talked to PRO.

これらの事実から，PROはいかなる位置に生起できると考えられるであろうか．賢明な読者であれば，PROは発音されるDPと相補分布を成していることに気付かれることであろう．すなわち，PROは発音されるDPが生起できる位置には生起できず，反対に，発音されるDPが生起できない位置に生起しているという事実である．(107a) と (107b)，そして (101), (106), (109) と以下の文を比較してみよう．

(110) a. *John told Bill who Mary to visit.
　　　b. John told Bill what Mary should do.
(111) a. I believe [John to be honest].
　　　b. I want (very much) [for John to win the race].
(112) a. John likes Mary.
　　　b. John talked to Mary.

発音されるDPの分布は格理論によって捉えられたことを思い起こしてほしい．すなわち，発音されるDPは格を受け取れる位置にしか生起できない．したがって，(110)から(112)の文において，(110a)が非文法的であるのはMaryが格を受け取れない位置に生起しているからであり，それ以外の文では，DPはすべて格を受け取れる位置に生起しているので文法的である．また，DPが格を受け取る条件として，語彙統率が関わっていることを上で述べた．

(113) αがβに格を付与できるのは，αがβを語彙統率 (lexical government) するときに限る．

さて，これらのことを踏まえたうえで，PROの分布の問題に戻ると，PROは発音されるDPと相補分布を成すことから，発音されるDPとは逆の条件が働いていると思われる．その場合，以下の二つ候補を挙げることができる．

(114) PROは格付与されない位置に生起する．
(115) PROは語彙統率されない位置に生起する．

まず，この二つの候補が，これまで見てきた例においてPROの分布を正しく捉えていることを確認してほしい．その上で，この二つの候補のうち，どちらがPROの分布を正しく捉えているのかを考える必要がある．(113)に述べられた語彙統率による条件は，格付与に対する必要条件であり，十分条件ではないので，格付与が行われれば，必ずそこに語彙統率が成立しているが，語彙統率すれば，必ず格付与するということにはならない．このことから，(114)と(115)に関して，語彙統率されない位置は格付与されない位置であることが導き出されるが，格付与されない位置は必ずしも語彙統率されない位置とは限らない．そうすると，(114)と(115)のどちらの候補が正しいのかを調べるためには，格付与されない位置ではあるが語彙統率される位置にPROが生起できるかを調べればよい．そのような位置に生起できる要素として上で扱ってきたのがDP痕跡であることを思い起こしてほしい．

(116) a. John₁ was killed t_1.
  b. John₁ was believed [t_1 to be honest].

(116a) において John の DP 痕跡は，killed によって語彙統率されるが，受動形態素 -en の語彙的特性により，kill の格付与能力が奪われて，DP 痕跡は格付与されることはない．同様に，(116b) においても，John の DP 痕跡は believed によって語彙統率されるが，believe に受動形態素 -en がくっ付いたことにより，格付与されることはない．そうすると問題は，同様の位置に PRO が生起できるかどうかである．以下の例を考察してみよう．

(117) a. *John thought that there/it was killed PRO.
  b. *John thought that there/it was believed [PRO to be honest].

これらの文において，PRO は (116a, b) の (John, t) の二つのメンバーから成るチェーンに相当する意味役割を果たしている．すなわち，(117a) では，killed の主題であり，(117b) では honest の主題である．(116a, b) では killed および believed が属する TP の主語の位置は EPP によって John によって占められているが，(117a, b) では，PRO は最低限格付与される位置には生起できないことがわかっているので，PRO が TP の主語の位置に移動することはできない．したがって，EPP を満たすために，冗語的 it もしくは there が挿入された次第である．また，John thought that を付け加えた理由は，PRO に先行詞を与えるためである．そうすると，(117a, b) の文は，もし PRO の分布に関する一般化として (114) が正しければ，文法的であってもおかしくないと思われる．しかしながら，実際には非文法的であることから，PRO の分布は (115) によって捉えられるのが正しいという結論が導き出される．

それでは，なぜ PRO は (115) によって述べられた特性を持っているのであろうか．LGB では，(115) を「**PRO の定理**」(**PRO Theorem**) と名付け，この定理を [+a], [+p] という素性指定から導き出している．まず，上でも述べたように，[+a], [+p] という素性指定を持った要素は，通常であれば，束縛条件 (A) と (B) を同時に満たすことは不可能なので，生起す

る環境によってどちらかの条件に違反してしまう．実際，この理由で，発音される DP に関しては，この素性指定を持つものは存在しないことを述べた．それでは，なぜ PRO ではそれが可能なのか．束縛条件（A），（B）が要求するのは，「統率範疇において束縛もしくは自由でなければならない」ということである．もし仮に，ある要素に統率範疇が存在しないとしたなら，その素性指定が [＋a]，[＋p] であっても何ら矛盾は生じない．なぜなら，その場合には，束縛条件（A），（B）を適用しようがないからである．PRO がまさにそのような要素である．統率範疇の定義を以下に再掲する．

(118) α にとっての統率範疇とは，α とその語彙統率者と α にとって利用可能な SUBJECT を含む最小の最大範疇である．

この定義から，ある要素がその統率範疇を持たないという結果を導きだすためには，それに対する語彙統率者かもしくは利用可能な SUBJECT が存在しなければよいことがわかる．発音される DP についてその語彙統率者が存在しないことは，現行のシステムではあり得ない．というのは，DP は格を必要とするが，格付与の必要条件として語彙統率が義務づけられているからである．それに対して，照応詞や代名詞にとって利用可能な SUBJECT が存在しないような文は，容易に構築することができる．

(119) a. *For each other$_1$ to win would be unfortunate for John and Mary$_1$.
   b. For them$_1$ to win would be unfortunate for John and Mary$_1$.

これらの文において，照応詞 each other と代名詞 them にとって利用可能な SUBJECT が存在しないことを確認してほしい．そうすると，これらの照応詞と代名詞は統率範疇を持たないことになる．統率範疇を持たないということは，束縛条件（A），（B）が機能しないことを意味する．このことは，(119b) の事実とは矛盾するものではない．というのは，(119b) において them が John and Mary を指し示すことを阻む条件が何も存在しないからである．これに対して，(119a) の非文法性は説明できない．なぜならば，この場合に束縛条件（A）が機能しないのであれば，each other が John and

第4章　束縛理論 (Binding Theory)　　　　　　　　　　181

Mary を指し示すことを阻む条件が何も存在しないことになってしまうからである．この理由から，LGB では以下の条件を付している．

(120)　語彙統率はされるが利用可能な SUBJECT を持たない要素の統率範疇は文全体である．

この付随的条件によって，(119a, b) の照応詞と代名詞の統率範疇は文全体ということになる．そして，文全体において，(119a) の each other は John and Mary によって束縛されていないので，束縛条件 (A) 違反となり，(119b) の them は自由なので，束縛条件 (B) を守り，結果，them は John and Mary を指し示すことができる．

　(120) の条件が一旦加わると，ある要素が統率範疇を持たないようにするための方策として，利用可能な SUBJECT を持たないという選択は消滅する．したがって，統率範疇を持たないようにするための唯一の方法は，語彙統率者を持たないということである．(115) で述べられた PRO の分布はまさにこの事実と合致する．すなわち，PRO が [+a], [+p] を持っているとすると，束縛条件 (A), (B) に矛盾なく PRO が生起できる位置とは，その統率範疇が存在しないような位置，すなわち，語彙統率されない位置ということになる．これ以外の位置では，PRO は統率範疇を持つことになり，束縛条件 (A), (B) のいずれかに違反することとなる．かくして，(115) に述べられた PRO の定理は，[+a], [+p] という素性指定から導き出されたことになる．

　また，以上のことから，PRO とその先行詞との間の照応関係に課せられる構造上の条件は，束縛条件からは導き出されないことになる．というのは，PRO には実質上束縛条件が適用しないからである．そうすると，(94) のような条件は，依然として別個の条件として立てておく必要がある．このように，PRO とその先行詞との間の照応関係に課せられる条件を扱う理論を**コントロール理論 (Control Theory)** と呼ぶが，この理論は複雑で，(108) の例に見られるように，(94) のような単純な条件では，PRO とその先行詞との間の局所性を正しく捉えることはできないことがわかっている．この理論に関しては，ここでは触れないでおく．

6. 痕跡の分布

　上で，PRO は語彙統率されない位置に生起すること，そしてこの PRO の分布は，PRO が [+a], [+p] という素性を持つことから，束縛条件によって導き出されることを説明してきた．本節では，PRO に対して痕跡がいかなる分布を示しているかを考察する．痕跡には，前節で見た通り，変項と DP 痕跡の二種類が存在する．まず，変項については，発音される DP と分布が重なることがわかっている．以下の文を考察しよう．

(121) a. John likes Mary.
　　　b. Who does John like t?
(122) a. John thinks Mary is honest.
　　　b. Who does John think t is honest?
(123) a. *John told Bill Mary to leave.　[= John told Bill that Mary should leave.]
　　　b. *Who did John tell Bill t to leave?
(124) a. *There seems a man to be honest.
　　　b. *Who does there seem t to be honest?

これらの文の各組において，(a) の平叙文に対して，その中のある DP を疑問詞句に換えて疑問文を作ったのが (b) の文である．(121a, b) と (122a, b) においては，時制節の目的語と主語の位置に生起する Mary を who に換えて疑問文が作られているが，その際文法性に関して変化はなく，(a), (b) 共に文法的である．それに対して，(123a) では，Mary が格付与されない位置に生起しているがゆえに非文法的になっているが（前章 3.1 節の格隣接条件を思い起こしてほしい），この Mary を who に換えて疑問文を作った (123b) においても非文法性は変わらない．また，(124a) においても，a man が格付与されない位置に生起しているがゆえに非文法的になっているが，この a man を who に置き換えて疑問文を作った (124b) もやはり非文法的である．このことから，変項の分布については，以下のことが成り立つと推測できる．

第 4 章　束縛理論 (Binding Theory)　　　　　　　　　　　　　　183

(125)　変項は格付与される位置に生起する．

　問題は，なぜ変項は格付与される位置に生起しなければならないのか，ということであるが，すぐに思いつく答えは，変項はその先行詞である DP の wh 句とチェーンを成し，その wh 句に格を付与する橋渡し役をしているためである，というものであろう．確かに，格フィルターに従えば，DP の wh 句は格を必要とするが，表層構造では，格を直接受け取ることができる位置にはなく，変項を介して格を受け取っていると考えるのが自然であろう．このように，格フィルターの要請とチェーンを介しての格付与を認めることによって，変更の分布に関する (125) の一般化を導き出すことができる．しかしながら，この導き出し方は百パーセント満足の行くものとは言い難い．というのは，変項の先行詞が空操作詞の場合にも，(125) の一般化が成立するからである．

(126)　a.　the woman [$_{CP}$ OP [$_{TP}$ John likes t]]
　　　　b.　the woman [$_{CP}$ OP [$_{TP}$ John thinks t is honest]]
　　　　c.　*the woman [$_{CP}$ OP [$_{TP}$ John told Bill t to leave]]
　　　　d.　*the woman [$_{CP}$ OP [$_{TP}$ there seems t to be honest]]

これらの例は，変項の先行詞が空操作詞であっても，その変項が格付与される位置に生起しなければならないことを示している．さて，この場合に，空操作詞が格フィルターの要請によって，格を必要としていると言えるであろうか．第 3 章 3.1 節では，格フィルターは以下のように述べられていた．

(127)　格フィルター：
　　　　DP は格を持たなければならない．

この定式化に厳密に従えば，空操作詞であっても DP であれば格を必要とすることになる．しかし，この定式化は明らかに正確さを欠いていた．というのは，格フィルターが適用対象としていたものは，発音される DP だったからである．このことは，PRO や DP 痕跡を考えれば明らかで，これらの要素は，DP であるにもかかわらず，格付与される位置には生起しない．

このことから，格フィルターは以下のように定式化されるべきであった．

(128) 格フィルター：
発音される DP は格を付与されなければならない．

この再定式化によれば，空操作詞は DP であっても格を必要としないことになってしまう．したがって，(126) の例の文法性を説明するのに，「変項はその先行詞が格を必要としているために，格を付与される位置に生起する」という理屈は成り立たないことになる．そうすると，振出しに戻って，なぜ (125) の一般化が成り立つのかを再考する必要がある．

この問題に対して LGB で考案されたのが，格フィルターを θ 役割付与の条件とするものである．まず，各々の項は，それに対応する述語によって θ 役割を付与されることによって認可されると考える．例えば，John kissed Mary という文において，John は kiss の指定部の位置で kiss から動作主の θ 役割を付与されることによって認可され，また，Mary は kiss の補部の位置で kiss から主題の θ 役割を付与されることによって認可される．その際，直感的に言えば，θ 役割付与の前提条件として，項が「可視的」である必要があるとするのが，LGB の提案した**可視条件**（**Visibility Condition**）と呼ばれるものである．そして，この可視条件として用いられたのが格である．すなわち，以下の条件が θ 役割付与の必要条件とされた．

(129) 項が θ 役割を付与されるためには，格を保有していなければならない．

John kissed Mary という文において，kiss の補部に生起した Mary は kiss より目的格を付与されることによって，可視的になり，kiss より主題の θ 役割を付与される．これに対して，kiss の指定部の位置に生起する John は，この位置では格を受け取れないことから可視的ではない．しかしながら，(129) の条件を項のチェーンに対する条件と位置づければ，John が S 構造に至るまでに TP の指定部に移動し，そこで格を付与されれば，John とその痕跡からなるチェーンは格を保有するものと見なすことができ，これによって可視的となり，kiss から動作主の θ 役割を付与されることが可能と

第4章　束縛理論 (Binding Theory)

なる．同様に，Mary was kissed のような文においても，Mary は kissed の補部の位置では不可視であるが，S 構造に至るまでに TP 指定部へ移動することによって主格を受け取り，よって Mary とその痕跡は可視的であると言える．

　(129) の可視条件は，(126) のそれぞれの文の文法性を正しく説明することができる．というのは，これらの文の操作詞は，空操作詞ではあるが，その変項は項の働きをしていて，それに対応する述語より θ 役割を付与されなければならないからである．(129) の条件により，(126c, d) では，変項が不可視であり，θ 役割を付与することができない．これらの考察から，操作詞が発音されるものであれ，空なものであれ，その変項が (125) に述べられた通り，格付与される位置に生起するという事実は，(129) の可視条件から導き出すことができる．さらに，これまでの仮定により，格付与の必要条件として，語彙統率が要求されることから，(129) の可視条件より，必然的に以下の結果が得られる．

(130)　変項は語彙統率される位置に生起する．

　(129) の可視条件は，(128) の格フィルターに比して，操作詞が空であるにもかかわらず，なぜその変項が格を必要とするかを正しく捉えることができる．さらに，この可視条件によれば，DP であっても項の働きを成さないものは，格を受け取る必要のないことを予測するが，以下の事例はその予測が正しいことを示している．

(131)　a.　John is [a fine mathematician].
　　　　b.　I consider John [a fine mathematician].
　　　　c.　John did it [himself].

これらの例のかっこでくくった DP である a fine mathematician と himself は，上で述べた格付与のメカニズムからすれば，格を受け取ることのない句である．この事実は，格フィルターを (129) の可視条件に置き換えたシステムにおいては，予測通りのことである．なぜならば，a fine mathematician は (131a, b) において John に対する述語として働いており，また，

(131c) において himself は，付加詞として働いているからである（付加詞として働いている himself がいわゆる目的格の形式を取るという事実は，したがって，格付与のメカニズムとは独立した理由に帰せられることになる）．

しかしながら，(129) の可視条件は，一つ重大な問題を抱え込むことになる．すなわち，なぜ PRO が項として働いているにもかかわらず，格を必要としないのかという問題である．この問題に根本的な解決が施されたのは，ずっと後になってからのことで，それまでは，以下のように，可視条件を定式化する際，PRO は例外扱いされてきた．

(132) 項が θ 役割を付与されるためには，その項が PRO であるか，もしくは格を保有していなければならない．

さて，次に DP 痕跡の分布を考察する．DP 痕跡は，変項とは異なり，発音される DP と分布が重なることはない．というのは，DP 痕跡は格を付与されない位置に生起するからである．以下に DP 痕跡が典型的に生起する位置を示す例を掲げる．

(133) a. John is killed t
 b. John is believed [$_{TP}$ t' to t win]

(133a) では，他動詞 kill の格付与能力が受動形態素 -en によって奪われ，その結果，DP 痕跡には格付与されることはない．また，(133b) では，DP 痕跡 t は，win が自動詞であることと，さらに，(44) で述べられた通り，語彙範疇による格付与には「正規の統率」が要求されることから，格付与されることはできない．さらに，DP 痕跡 t' も，believe が受動形態素 -en によって格付与能力を奪われていることから，格付与されることはない．このように，DP 痕跡は格付与されない位置に生起することから，変項と分布は重ならないが，語彙統率されるかどうかという観点からすると，両者は一致する．すなわち，DP 痕跡は，変項と同様，分布に関して以下に述べられた特性を持つ．

(134) DP 痕跡は，語彙統率される位置に生起する．

(133a, b) において，DP 痕跡が語彙統率されていることを確認してほしい．とりわけ，(133b) において，TP は統率するかどうかという観点からは最大範疇とは見なされないことから，t' は believed によって語彙統率されることを思い起こしてほしい．一般に，DP 痕跡が語彙統率される位置に生起するという事実は，PRO と分布が重ならないことからも裏付けられる．以下の例は，PRO が生起する位置に DP 痕跡が生起できないことを示している．

(135) a. John tried [$_{CP}$ [$_{TP}$ PRO to win]]
　　　 b. *John was tried [$_{CP}$ [$_{TP}$ t to win]]
(136) a. John asked [$_{CP}$ how [$_{TP}$ PRO to solve the problem]]
　　　 b. *John was asked [$_{CP}$ how [$_{TP}$ t to solve the problem]]
(137) a. It is illegal [$_{CP}$ [$_{TP}$ PRO to participate]]
　　　 b. *John is illegal [$_{CP}$ [$_{TP}$ t to participate]]

各組の (b) の文では，John が to 不定詞節 VP 内の指定部の位置から，まず EPP を満たすために，そのすぐ上の TP 指定部の位置に移動し，さらに格を受け取るために主節の TP 指定部に移動している．この派生自体は，例えば (133b) の派生と本質的に何ら変わるところはない．したがって，これらの文の非文法性は，DP 痕跡の分布が，(134) に述べられている通り，語彙統率される位置に限られていることを示唆している．

それでは，なぜ (134) の一般化が成り立つのであろうか．この一般化は，変項の場合とは異なり，これまで提示してきたいかなる条件からも導き出すことはできない．読者の中には，この一般化は束縛条件から導き出せるのではと考える人もいるかも知れない．上で述べた通り，DP 痕跡は束縛条件 (A) の適用を受ける．したがって，この条件が適用するためには，統率範疇を決定するのに，DP 痕跡にとっての語彙統率者が必要である．この事実から，(134) の一般化を導き出すことが可能であるかのように思われるかも知れないが，この推論は大きな矛盾をはらむこととなる．この推論では，DP 痕跡には必ずその統率範疇が決定されなければならないことが前提とされているが，この前提は，上で提示した束縛条件の適用の仕方とは相いれな

いものである．いわゆる「PROの定理」がいかにして導き出されたのかを思い起こしてほしい．PROは束縛条件（A），（B）の両方の適用を受けるが，両条件が相反することを要求することから，これらの条件をまともに満たすことはできない．この相反する要求を唯一切り抜ける方法は，PROが統率範疇を持ちえない場合で，その場合に限って，束縛条件（A），（B）の適用が阻止され，これらの条件からの要求を切り抜けることができる．したがって，PROは，統率範疇を持ちえない位置，すなわち語彙統率されない位置にのみ生起する．このようにしてPROの定理が導き出された．この理屈からすれば，束縛条件の適用を受ける要素が，必ずしも統率範疇を持たなくてもよいことがわかる．したがって，DP痕跡の場合でも，それが語彙統率されない位置に生起すれば，束縛条件（A）の適用が阻止されるだけであって，それが条件違反に至るわけではない．

　LGBでは，(134)に述べられた一般化は，以下のように，痕跡に対する独立した条件として立てられ，**空範疇の原理**（**Empty Category Principle, ECP**）の名で呼ばれた．

(138)　痕跡は語彙統率されなければならない．

この痕跡に対する語彙統率条件は，次節で述べる通り，厳密には空範疇の原理の一部を成すに過ぎない．これまでの議論の経過から明らかなように，(138)の条件は痕跡に対する条件という形式を取ってはいるものの，実質的にはDP痕跡に対する条件であり，変項については，(132)の可視条件との間に余剰性が発生している．この点において，(138)の定式化には不満が残るが，そうかと言って，空範疇の原理の適用をDP痕跡に限るわけには行かないことが，次節で明らかになる．また，(138)の条件によって，痕跡がPROと相補分布を成すことが明白になる．さらに，痕跡の中でも，変項とDP痕跡は格付与される位置に生起するのかそうでないのかによって，これもまた相補分布を成す．結果として，空範疇を，proを除外して，PROと変項とDP痕跡に限って考察すれば，この三者がお互いに相補分布を成し，英語のようにproの生起を許さない言語では，この三種の空範疇の分布がきれいに分かれることになる．空範疇がなぜかくもきれいに相補分布を

成すのかという疑問に対して，Chomsky (1982) では，「空範疇の実体は一つしかなく，その現れる環境によって，PRO と変項と DP 痕跡の三様の特性を示す」という画期的な提案が成された．これについては，8節で詳しく解説する．

7. 主格島条件の残された問題

本節では，(138) の語彙統率条件を一部に取り込んだ空範疇の原理全体の姿を解説するが，そのためにはまず，その原理が誕生するまでの経緯を説明する必要がある．それには，大きく二つの要因が挙げられるが，一つは，前節で見た通り，DP 痕跡の分布を正しく捉えるためである．もう一つは，本節のタイトルにあるように，いわゆる**「主格島条件の残された問題」**(**the residue of the NIC**) と呼ばれるものに関する．この問題は，上でも指摘した，変項に SSC や TSC が適用するのかどうかという問題と関わる．第3章3.2節で述べたように，変項は，当初，DP 痕跡同様，SSC と TSC に従うという主張がなされたが，Chomsky (1977b) に至って，そのように主張する経験的動機づけがほぼ消失し，変項は TSC や SSC には従わないと考えられるようになった．しかし，TSC が Chomsky (1980) の OB において，NIC に置き換えられることによって，状況が変化する．というのは，変項が NIC に従うと主張する学者が出てきたからである．その根拠となった例は，以下のようなものである．

(139) a.??What did John wonder how well Bill did *t*?
　　　b. *Who did John wonder how well *t* did his work?

この両文ともに，いわゆる Wh 島制約違反であり，これまでの説明では，下接の条件違反として捉えられてきたものである．しかし，この両文の容認性には，はっきりとした違いが見られ，(139b) に示された通り，主語の位置からの抜き出しのほうが容認性がはるかに落ちる．もし，変項が NIC に従うのであれば，「主格はその先行詞との関係において島を成す」というのが NIC の条件とするところなので，(139b) が (139a) に比べて容認性が落

ちるのは，この文が下接の条件に加えて，NIC に違反するためと説明できる．このような主語の位置からの抜き出しが不可能な例として他に挙げられるのは，いわゆる **that- 痕跡効果**（*that*-trace effect）と呼ばれる現象である．

(140) a.　Who do you think that Bill saw *t*?
　　　 b. *Who do you think that *t* saw Bill?

(140b) がその例であるが，この例が（140a）の目的語の位置からの抜き出しとは異なり，非文法的になっている事実は，変項が NIC に従うと仮定することによって捉えることが可能である．ただし，この場合には，以下に示す通り，that が省略されると文法的な文になるという事実を何らかの仕方で保証する必要がある．

(141)　Who do you think *t* saw Bill?

また，NIC は，ある要素が主格であることがすなわち島を成すと規定するものなので，これを単純に変項に適用すれば，主格が与えられる位置からの抜き出しは一切許されないこととなってしまうが，以下のような例において，who が CP 指定部に移動しているとなると，この例は NIC 違反ということになってしまう．

(142)　Who *t* saw Bill?

したがって，変項が NIC の適用を受けると仮定する場合には，(141) や (142) の例に対して，何らかの手立てを加えないといけないが，(139b) や (140b) の that- 痕跡効果の例は，この仮定の必要性を示唆するものである．

　さて，SSC に関しては，Chomsky (1977b) に至って，変項が SSC に従うとする仮定の経験的動機づけがほぼ失われたわけであるが，これはあくまでも消極的な議論であって，そう仮定すると逆に何か間違った結果が得られるとか，システム全体に対して否定的な帰結をもたらすといったものではない．そうすると，今や NIC と SSC は束縛条件の下に統一されたわけであるから，(139b) や (140b) のような例を説明するのに，「変項は束縛条件 (A) に従う」と仮定すればうまくいきそうである．

第 4 章　束縛理論 (Binding Theory)

【問題 22】 この仮定によって，(139b) や (140b) の非文法性がいかに説明できるか示せ．

しかしながら，この方策には，いくつかの問題点が生じてくる．まず，変項が SSC に従っている積極的な証拠はないという Chomsky (1977b) の主張は，変項が SSC には従わないことを示唆する証拠が存在するという Rizzi (1978) の主張によって強められることとなった．Rizzi (1978) によると，イタリア語では Wh 島制約に違反するにもかかわらず，容認される例が，とりわけ関係節において観察される．以下の文がその例である．

(143)　Tuo fratello, a cui mi domando [che storie abbiano raccontato *t*], era molto preoccupato.
　　'Your brother, to whom I wonder [which stories they told *t*], was very troubled.'
　　　　　　　　　　　　　　　　　　　　　　　　　　　　　(*LGB*: 158)

この例において，関係節内の raccontato 'told' の補部に基底生成された a cui 'to whom' が，mi domando 'wonder' に選択された疑問節を飛び越えて，関係節の先頭に移動し，その先行詞である tuo fratello 'your brother' を指し示している．Rizzi (1978) は，この文の文法性を説明するのに，下接の条件に関わる循環節点を何にするかに関して，言語間でパラメター化されているという提案を行っている．すなわち，英語では，これまで示してきた通り，TP と DP が循環節点として機能するのに対して，イタリア語のような言語では，CP と DP が循環節点として機能するとするものである．この提案によれば，(143) に対応する英語の文では，to whom が移動するのに，二つの TP を越えているために，下接の条件違反となるが，(143) のイタリア語の文では，to whom に相当する句 a cui の移動は，CP を一つしか超えていないために，下接の条件違反とはならず，よって，(143) を正しく文法的な文と認定できる．しかしながら，もし束縛条件 (A) が変項に適用するとなると，事情は異なってくる．(143) の英語に相当する文においては，すでに述べたように，下接の条件違反となるが，もし変項が束縛条件

(A) の適用を受けるとなると，この条件にも違反することになる．第 3 章 3.2 節において，もし変項が SSC や TSC に従うとなると，以下に述べたようなただし書きが付け加えられる必要があることを述べた．

(144) 変項とその先行詞との関係において，その間に介在していると思われる時制節および指定主語のすぐ上の CP 指定部に変項の先行詞が位置する場合には，それらの時制節および指定主語はその変項と先行詞との間に介在するものとは見なさない．

このただし書きが必要な理由は，以下に掲げるような順次循環移動の例の文法性を説明するためである．

(145) Who do you think [$_{CP}$ t' that [$_{TP}$ Mary saw t yesterday]]?

この例において，saw の補部に位置する変項 t は，その先行詞の一つである t' が埋め込みの時制節および指定主語と目される Mary のすぐ上の CP 指定部に位置しているために，(144) のただし書きにより，変項 t は TSC と SSC の違反を免れることができる．(144) のただし書きは，束縛条件 (A) においては，以下のように述べ直すことができる．

(146) 変項 α の統率範疇とは，α とその語彙統率者と α にとって利用可能な SUBJECT を含む DP か CP である．

【問題 23】(146) に述べられた変項の統率範疇の定義を用いて，(145) の文が束縛条件 (A) を満たすことと，(143) に相当する英語の文が束縛条件 (A) に違反することを示せ．

以上のことより，(143) に相当する英語の文が下接の条件のみならず，束縛条件 (A) にも違反することとなるが，この例文自体が非文法的であることから，この結果は必ずしも事実と矛盾するものではない．しかしながら，(143) のイタリア語の文において問題が発生する．というのは，上で述べた通り，この文は下接の条件には違反しないが，もし a cui の変項が束縛条件

第4章 束縛理論 (Binding Theory)

(A) の適用を受けるとなると，英語の場合と同様，この条件に違反することとなるからである．したがって，(143) のような文が文法的であるという事実は，変項が束縛条件 (A) の適用を受けないことを強く示唆するものである．

「変項は束縛条件 (A) に従う」と仮定することの第二番目の問題点は，本章5節で述べた束縛理論に基づいた空範疇の分類に関係する．そこでは，空範疇は以下のように分類された．

(147) a.　[＋a], [－p]：　DP 痕跡
　　　b.　[－a], [＋p]：　pro
　　　c.　[－a], [－p]：　変項
　　　d.　[＋a], [＋p]：　PRO

この分類は，発音される DP と全く同様の [±a(naphor)] と [±p(ronominal)] という素性を用いて行われていることから，それぞれの素性の値に対応するものが，それなりの動機づけを持って存在し，さらに，これらの素性の値によって得られる四分類に属さない他の空範疇が存在しないとなれば，この分類の妥当性は非常に強力なものであると見なすことができる．この分類では，(147c) にあるように，変項は，R 表現と同様，束縛条件 (C) に従うものと分類されている．この主張を経験的に動機づけたのが，以下に示した「強交差」の現象である．

(148) a.　Who$_1$ t_1 said Mary had kissed him$_1$?
　　　b.　*Who$_1$ did he$_1$ say Mary had kissed t_1?

(148a) では，him は who を指し示すことができるが，(148b) では，he が who を指し示すことができないという事実は，変項が束縛条件 (C) に従うと仮定することで，容易に説明がつく．すなわち，(148a) では，who の変項 t_1 は A 自由であるので，束縛条件 (C) を満たしているが，(148b) では，who の変項 t_1 は he によって A 束縛されているので，この条件に違反することになり，その結果，he は who を指し示すことはできない．このように，変項を，束縛条件 (C) に従うものとして，R 表現と同類のものと見

なす強い経験的動機づけが存在することから，もし，この上に，「変項は束縛条件（A）にも従う」と仮定すると，分類の重複を認めることとなり，(147) に示されたような，[±a, ±p] によって空範疇全体が四分類できるとする主張の土台が崩されることになってしまう．

以上のような問題点を考慮し，LGB では，「変項は束縛条件（A）に従う」と仮定することを断念している．この決定により，(139) や (140) に示された主語と目的語との移動の可能性に関する違いを説明するのに，主格島条件を用いるという考え方をもはや踏襲することは不可能となり，別の説明法を模索する必要が出てきた．これが，いわゆる「主格島条件の残された問題」と呼ばれるものである．そして，この問題に対して，LGB で採用された方策が，前節で出てきた空範疇の原理（Empty Category Principle，以下 ECP）を援用するもので，この原理を精緻化することによって，空範疇にある専門的な意味での統率を要求する条件とした．この「専門的な意味での統率」は，**適正統率**（**proper government**）と呼ばれ，ECP は最終的には以下のように定式化された．

(149) 痕跡は適正統率されなければならない．

そして，この適正統率の仕方には二種類あり，一つは前節の (138) に述べられた語彙統率であり，もう一つは**先行詞統率**（**antecedent government**）と呼ばれるものである．この二種類を認める理由は，基本的には，(139) や (140) に示された主語と目的語との移動の可能性に関する違いを説明するためである．すなわち，目的語の痕跡は一般的に語彙統率されるのに対して，主語の痕跡は先行詞統率される必要があるという違いを用いて，これらのデータの説明を試みようとするものである．したがって，適正統率は，以下のように定義された．

(150) α が β を適正統率するとは，以下のいずれかの条件を満たす場合である．
    (i) α が AGR 以外のもので，β を語彙統率している場合
    (ii) α が β と同じ指標辞を持ち，α が β を統率する場合

(150ii) が先行詞統率の場合で，(150i) が語彙統率の場合であるが，後者の場合，AGR が語彙統率者から除外されていることから，これまで用いられてきた「語彙統率」の概念よりは，狭いものとなっている．このように，AGR を語彙統率者から除外するということが，まさに，主語の痕跡を先行詞統率させるように仕向ける仕掛けである．こういうふうに述べると，AGR を語彙統率者から外すことが単に (139) や (140) のようなデータを説明するためになされた恣意的な取り決めと思われるかも知れないが，概念的には，どちらかと言えば，そもそも AGR が語彙統率者に数えられていたことの方が不自然である．というのは，語彙統率者はこれまで AGR 以外は N, V, A, P の語彙範疇に限られており，AGR は機能範疇下の名詞的要素であるとして，AGR を有する範疇をある意味で特別に「語彙的範疇」として扱ってきたからある．この意味において，ECP で用いられている語彙統率のほうが，格付与や統率範疇に関わる語彙統率よりも「適正」(proper) であると言えよう．さて，適正統率の定義が (150) のように与えられれば，(139) の二つの文の文法性を ECP を用いて説明することができる．

【問題24】 (139) の二つの文の文法性を ECP を用いて説明せよ．

(140b) の that- 痕跡効果の文については，さらなる説明が必要である．この例は，(140a) の文との対比から明らかなように，TP 指定部の位置からの抜き出しにはある一定の制限が働いていることがわかるが，それには，(141) との対比から，that が存在するかどうかが関わってくる．これまでの仮定からすると，(140b) と (141) は，who の順次循環移動によって派生され，概略以下に示すような S 構造を持つことになる．

(151) a. [$_{CP}$ who$_1$ do [$_{TP}$ you think [$_{CP}$ t'_1 that [$_{TP}$ t_1 saw Bill]]]]
b. [$_{CP}$ who$_1$ do [$_{TP}$ you think [$_{CP}$ t'_1 ϕ [$_{TP}$ t_1 saw Bill]]]]

これらの表示において，TP 指定部に位置する痕跡 t_1 は (150i) により，語彙統率によって ECP を満たすことはできない．それでは，(150ii) の先行詞統率によって ECP を満たすことはできるであろうか．この痕跡は，CP

指定部にある痕跡 t'_1 と同じ指標辞を持っているので，もし t'_1 によって統率されれば，(150ii) によって，ECP を満たすことになる．統率は互いに m 統御しあう場合に成り立つが，LGB では，CP-TP の機能範疇が，S′-S と表示され，S は最大範疇とは見なされていなかったことを思い起こしてほしい．その結果，現行のシステムでは，以下のようなただし書きが必要であった．

(152)　ただし，α が β を統率するかどうかを決定する際には，TP は最大範疇とは見なさない．

このただし書きによれば，(151a, b) において，TP 指定部に位置する痕跡 t_1 は CP 指定部にある痕跡 t'_1 によって統率され，(150ii) により，ECP を満たすこととなる．この結果，(141) の文は ECP によって正しく文法的であると認定できるのに対して，(140b) に対しては，誤って文法的な文と認定されてしまう．(152) のただし書きが ECP に関わる統率の概念にも必要なことは，(142) のような文の文法性からも裏付けられる．

【問題 25】 (142) の文法性を ECP を用いて説明せよ．

そうすると，(140b) に対しては，何か別個の手立てが必要となる．
　この手立てについては，様々な提案が成されたが，その当時は CP のシステムは採用されておらず，wh 句の移動先は Comp 内であったため，現行の CP システムとは相いれない提案がほとんどである．その中で，CP システムに焼き直し可能なものを一つだけここで紹介する．それは，LGB の中で，Pesetsky (1982) の基本的アイディアを踏襲して提案されたもので，第 3 章 2.2 節でも紹介した「二重占有補文標識フィルター」(Doubly-Filled Comp Filter) を用いるものである．このフィルターは，節を S′ とし，そして S′ が Comp と S に展開され，Comp には，that のような補文標識のみならず，WH 移動規則によって移動した wh 句が位置するという仮定の下，この Comp に顕在する補文標識と wh 句が同時に生起することを禁じたものである．現行の X′ 理論の仮定の下では，C に顕在する補文標識が生起し

第4章　束縛理論（Binding Theory）　　197

た場合には，その指定部に wh 句が生起できないことを意味している．よって，現行の CP システムでは以下のように定式化できるであろう．

(153)　*[$_{CP}$ α [$_{C'}$ [$_C$ β] ...]]
　　　ただし，β は顕在化された補文標識である

このフィルターは，以下に例示された通り，主に関係節において，補文標識の that と wh 句が同時に生起することを禁ずるためのものである．

(154)　*the book [$_{CP}$ which that [$_{TP}$ I bought t yesterday]]

ちなみに，(153) にただし書きを付与したのは，以下のような疑問文において，T の要素が C に移動した場合は，(153) の適用を免れるようにしたものである．

(155)　[$_{CP}$ who [$_{C'}$ will [$_{TP}$ you see]]]

　さて，この (153) のフィルターと ECP を用いて (140b) の非文法性を説明するわけだが，そのために，まず，(153) において α が痕跡であってもこのフィルターに違反するものとする．そうすると，(140b) の S 構造として仮定した (151a) は，(151b) とは異なり，このフィルターに違反することとなる．したがって，このフィルターを満たすためには，(140b) の S 構造は以下のようなものでなければならない．

(156)　[$_{CP}$ who$_1$ do [$_{TP}$ you think [$_{CP}$ that [$_{TP}$ t_1 saw Bill]]]]

この構造は，(153) のフィルターは満たしてはいるものの，今度は TP 指定部の位置にある who の痕跡が ECP に違反してしまう．よって，(140b) に対して，(153) のフィルターと ECP を両方同時に満たすことができる S 構造を派生することができないために，この文が非文法的であると説明することができる．第3章2.2節で簡単に触れるところがあったように，言語によっては (154) に相当する関係節が容認可能な場合も存在するので，(153) のフィルターは，すべての言語で効力を持っているわけではない．そうすると，that- 痕跡効果の文に対する上での説明が正しいとすれば，(153) のフィ

ルターが働いていない言語では，that-痕跡効果は見られないという相関関係が生じることが予想される．これは，興味深い予測であるが，筆者の知る限り，その真偽のほどは，まだはっきりしていないと思われる．

　上の説明で一つ注意しておかなければならないことがある．それは，(156) の S 構造がいかにして派生されたのかに関係する．この構造には，埋め込み節の CP 指定部に痕跡が存在しないことから，who は埋め込み節の TP 指定部の位置から一気に主節の CP 指定部に移動したと考えるのが最も自然であろう．そうすると，(156) を導き出した派生は，下接の条件にも違反することとなる．しかしながら，この考え方は，間違った帰結をもたらすことになる．というのは，このような考え方では，例えば，(145) の文のように，that 節内の動詞の補部の位置からの抜き出しも誤って下接の条件違反と認定してしまうからである．というのは，(145) に示された表示は (153) のフィルターに違反しているので，このフィルターに違反しないためには，以下のような S 構造を持っている必要があるからである．

(157) 　who do you think [$_{CP}$ that [$_{TP}$ Mary saw t yesterday]]

もし，この S 構造が，who が see の補部の位置から一気に主節の CP 指定部へ移動することによってのみ得られるものとすれば，この移動は下接の条件に違反することとなる．この誤った帰結を避けるためには，移動の脱出口として用いられた CP 指定部には，仮にその場所を通過していったとしても，必ずしも痕跡を残す必要はないと仮定する必要がある．この仮定に基づけば，(157) の S 構造は順次循環移動によって下接の条件に違反することなく，導き出すことが可能である．この仮定は，痕跡が表示に用いられるようになった経緯を思い起こせば，それ程不自然には思われないであろう．というのは，痕跡はそもそも，D 構造で行っていた主語・述語・目的語・修飾語等の意味解釈を S 構造にも適用できるようにするために編み出された概念であるが，その精神に従えば，移動の脱出口として用いられた CP 指定部に残された痕跡は，そのような意味解釈規則に何ら寄与するところがないことから，存在しなくても何ら支障はきたさないからである．これと呼応するように，LGB では脱出口に残された痕跡には ECP は適用しないことが

暗に仮定されていた．とは言っても，そのような意味的働きを持たない位置に痕跡を残すかどうかはオプションとして認める必要があり，「そのような位置に痕跡を残してはならない」とまで仮定することはできない．というのは，(151b)のような場合に，CP 指定部に残された痕跡が先行詞統率者として機能する場合があるからである（しかしながら，この痕跡自身が ECPを満たすことはできないことに注意せよ）．

さて，これまで，いわゆる主語と目的語との間の抜き出しの可能性に関する差異を ECP によっていかに捉えられるのかを示してきた．ここでは，さらに ECP によってどのような経験的帰結がもたらされたのかを見ていく．まず挙げられるのは，Chomsky (1973) において**優位性の条件 (Superiority Condition)** という名で捉えられていた以下のような現象である．

(158) a. It is unclear who *t* saw what.
 b. *It is unclear what who saw *t*. (*LGB*: 231-232)

この優位性の条件が要求していることは，一文に二つ以上の wh 句が存在した場合に，最も上位にある wh 句を移動せよというものである．したがって，(158a) のように，主語の who を移動した場合にはこの条件に従っているが，(158b) のように，下位の目的語を移動した場合には，この条件に違反することになる．この優位性の条件は，今や ECP によって導き出すことが可能である．そのためには，まず ECP がどの表示レベルで適用するのかを考察しなければならない．

【問題 26】 もし ECP が S 構造で適用すると仮定すると，(158) の両文が文法的であると見なされることを説明せよ．

それでは，ECP が LF で適用すると仮定した場合はどうであろうか．思い起こしてほしいのは，本章 4 節で述べたように，LGB で仮定されている文法モデルでは，S 構造から LF を導き出す規則は Move α で，その一例として不可視 wh 移動が仮定されていることである．したがって，(158) のそれぞれの文の LF 表示においては，二つの wh 句が両方とも Move α の適

用を受けて，それぞれその痕跡を元の位置に残したものとなっている．不可視 wh 移動によって移動した wh 句の移動先については，これまではっきりと規定してこなかったが，仮に当該の CP に付加されるものとする．そうすると，例えば，(158a) の unclear 以下の CP の LF での構造は以下のようになる．

(159)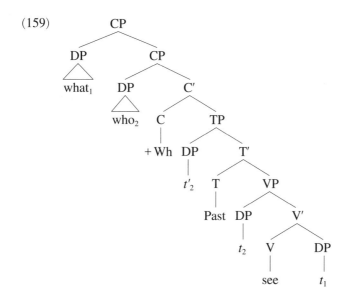

この LF 表示において，what の痕跡である t_1 は，see によって語彙統率されるため，適正統率の条件を満たす．同様に，who の基底の位置に残された痕跡 t_2 も see によって語彙統率されるため，適正統率の条件を満たす．また，TP 指定部にある who の痕跡 t'_2 は，who によって先行詞統率されるため，適正統率の条件を満たす．よって，(159) にあるすべての痕跡は ECP を満たしていることになる．

【問題 27】 (158b) の unclear 以下の LF 表示を樹形図で表した上で，それぞれの痕跡が ECP を満たすかどうか説明せよ．

また，以下の文の文法性の違いも，(161) に掲げた条件を仮定することで，

ECP によって説明可能である．

(160) a. It is unclear who thinks (that) we saw whom.
　　　 b. *It is unclear who thinks (that) who saw us.　　　(*LGB*: 236)
(161)　不可視 wh 移動は順次循環的に適用することはできず，一気に行われる．

【問題 28】（160a, b）の文法性の違いを ECP を用いて説明せよ．

ちなみに，(161) を仮定することから必然的に得られる帰結は，不可視 wh 移動には下接の条件は適用しないということである．さもないと，(160a) で whom の不可視移動が下接の条件に違反してしまうからである．これをより一般的に言えば，以下のようになる．

(162)　下接の条件は可視移動にのみ適用する．

最後に補文標識 for と ECP との関係について考察する．上で，適正統率の条件を満たす語彙統率者は N, V, A, P の語彙範疇に限られ，機能範疇である T の下にある AGR は格理論や束縛理論では語彙統率者として扱われたものの，「適正」統率者とは見なされないことを述べた．この考え方に基づけば，補文標識である for も適正統率者とは見なされないことになる．実際，この考え方を支持する証拠が存在する．まず，以下の例を考察しよう．

(163) a.　Bill was believed *t* to have seen Tom.
　　　 b.　*Bill was preferred (for) *t* to have seen Tom.
　　　　　 (cf. I preferred (for) Bill to have seen Tom.)
　　　 c.　*Bill was wanted (for) *t* to have seen Tom.
　　　　　 (cf. I wanted (for) Bill to have seen Tom.)

(*LGB*: 252)

【問題 29】 補文標識の for は適正統率者ではないと仮定すると，(163) のそれぞれの文の文法性が ECP によっていかに説明できるかを示せ．

(163b, c) において，補文標識 for が存在しない場合でさえも非文法的であることから，prefer や want はその語彙性質上，必ず CP を選択し，いわゆる「S′ 削除」は引き起こさないことがわかる．そうすると，(163b, c) のかっこでくくられた能動文において，for が削除されている場合に，Bill がいかにして格を受け取るのかが問題となる．というのは，prefer や want は CP を選択しているので，埋め込みの TP 指定部に位置している Bill には格付与できないからである．この問題を解決するのに，LGB で取られた方策は，prefer や want 等の動詞が選択する CP には，補文標識の for が統語部門では常に存在し，表面的に for が現れていない文は，S 構造から PF に至る過程において，for が削除された結果出てきたものであると考えられた．この考え方に従えば，(163b, c) の能動文で for が表面的に現れていない場合でも，統語部門では for が存在し，Bill はこの for から格を受け取ることとなる．

【問題 30】 以下のそれぞれの文の文法性を ECP を用いて説明せよ．

(164) a. Who would you prefer (for) Bill to have seen *t*?
　　　b. Who would you prefer *t* to have seen Mary?
　　　c. *Who would you prefer for *t* to have seen Mary?

8. 空範疇の機能に基づいた指定

本章 6 節の最後の段落で簡単に触れるところがあったように，空範疇は，pro を除いた，PRO と変項と DP 痕跡の三者の間には相補分布が成り立っている．PRO は語彙統率されない位置（この場合の語彙統率の意味は，適正統率に関わるものとしてではなく，もともとの意味である）に生起するの

第 4 章　束縛理論（Binding Theory）　　203

に対して，DP 痕跡と変項は語彙統率される位置に生起する．さらに，二つの痕跡の中でも，変項と DP 痕跡は格付与される位置に生起するのかそうでないかによって，相補分布を成す．そうすると，英語のように pro の生起を許さない言語では，この三種の空範疇の分布がきれいに分かれることになる．このように，空範疇がなぜかくもきれいに相補分布を成すのかという疑問に対して，Chomsky（1982）では，「空範疇の実体は一つしかなく，その現れる環境によって，PRO と変項と DP 痕跡の三様の特性を示す」という画期的な提案が成された．空範疇に対するこのような考え方は，「**空範疇の機能に基づいた指定**」（functional determination of empty category）と呼ばれた．この提案の中身とそこから導き出された興味深い経験的帰結を以下紹介する．

　まず，この提案の最大の特徴は，空範疇の実体は一つで，上で空範疇の特徴づけに用いられた素性 [±a] と [±p] は，個々の空範疇固有のものではなくて，それが生起する環境によって [±a] と [±p] の素性の値が付与されると考える点である．Chomsky（1982）が提案した素性付与のメカニズムは以下のようなものである．

(165)　(i)　ある空範疇が A 位置に生起し，局所的に A′ 束縛される場合には，[−a, −p] の値を付与せよ．
　　　(ii)　A 位置に生起し，[−a, −p] の値を付与されないものには，[+a] の値を付与せよ．
　　　(iii)　さらに [+a] の値を付与されたもののうち，自由であるか，もしくは固有の θ 役割を持ったものによって局所的に A 束縛される場合には，[+p] の値を付与せよ．それ以外のものには，[−p] の値を付与せよ．

この定式化において，A 位置にある空範疇に限定しているのは，順次循環移動によって途中の CP 指定部の位置に生起する痕跡を考慮外とするためである．これまで仮定されたシステムでは，このような痕跡の唯一の働きは，ECP を満たすための先行詞統率者であることから，この空範疇に [±a] と [±p] という素性をふる必要性がなく，そのため素性付与のメカニズムから

除外されたものと思われる．また，(165i) と (165iii) に出てくる「局所的に束縛する」という概念は以下のように定義される．

(166) ある範疇 X がある範疇 Y を局所的に束縛するとは,
    (i)   X が Y を束縛し，かつ
    (ii) X によって束縛され，Y を束縛するような範疇 Z が存在しないということである．

さて，(165) の素性付与メカニズムによって，いかに空範疇の特性が決定されるのかを以下具体的に見ていく．まず，wh 移動のような操作詞移動によって出てきた空範疇の場合を見る（以下の表示で ec は空範疇を表すものとする）．

(167)   Who$_1$ did you see ec_1?

この文において，ec は A 位置にあり，who によって局所的に A′ 束縛されるので，(165i) により，[−a, −p] の値が付与され，正しく変項と認定される．次に，格移動の場合を以下の例を使って見る．

(168) a.   John$_1$ was kissed ec_1 by Mary.
       b.   John$_1$ seems [ec'_1 to be ec_1 honest].

(168a) において，ec は A 位置にあるが，局所的に A′ 束縛されないので，[−a, −p] の値は付与されない．よって，(165ii) により，[+a] の値が付与される．また，この空範疇は John によって A 束縛されるが，John はこの空範疇とは別個の θ 役割を持たないことから，(165iii) により，[−p] の値が付与され，結果として，この空範疇は [+a, −p] の値を持つ DP 痕跡と正しく認定される．(168b) の二つの空範疇も同様の仕方で，[+a, −p] の値を付与される．次に，PRO が生起する場合を見る．

(169) a.   It is important [ec to observe this rule].
       b.   John$_1$ tried [ec_1 to stand on his head].

両文の ec 共に，A 位置にあるが，局所的に A′ 束縛されないので，[−a,

−p] の値は付与されない．よって，(165ii) により，[＋a] の値が付与される．さらに，(169a) の ec は自由なので，(165iii) により，[＋p] の値が付与され，結果として正しく PRO と認定される．また，(169b) の ec は John によって局所的に A 束縛されるが，この場合 John は固有の θ 役割を持っているために，(165iii) により，[＋p] の値が付与され，結果として正しく PRO と認定される．

8.1. 帰結 I：強交差現象

以上，(165) の素性付与のメカニズムを用いることにより，固有の素性を持たない空範疇が，結果として，従来 [±a] と [±p] の素性によって分類された空範疇と同じ素性を獲得することを見てきた．これまで示してきた基本的なデータについては，この新たな素性付与のやり方も従来のやり方と同様の結果をもたらしているが，他のデータに目を向けると非常に興味深い帰結が得られる．まず，最初に挙げられるのは，以下の例に示されるような「強交差」の現象に関してである．

(170) a. Who$_1$ t_1 said Mary had kissed him$_1$?
b. *Who$_1$ did he$_1$ say Mary had kissed t_1?

(170a) では，him は who を指し示すことが可能であるのに対して，(170b) では he は who を指し示すことができないという事実を，これまでは，「変項は束縛条件 (C) に従う」と定めることによって，説明してきた．しかし，(165) の素性付与のメカニズムを用いると，これらの現象を自動的に説明できる．

【問題 31】(165) の素性付与のメカニズムを用いて，(170) のそれぞれの文の who の移動によってできた空範疇の素性指定を行い，それに基づいて，なぜ (170a) では，him は who を指し示すことが可能であるのに対して，(170b) では he は who を指し示すことができないのかを説明せよ．

また，本章 5.3 節で，変項が束縛条件 (C) の適用を受ける場合には，R 表

現とは異なり，「その操作詞の領域内で」という領域指定が必要となることを述べた．以下にその条件を再掲する．

(171)　変項はその操作詞の領域内で A 自由でなければならない．

この条件を加えた理由は，以下のような，空操作詞移動が関わる例に関係する．

(172)　John is too clever [$_{CP}$ OP$_1$ [$_{TP}$ PRO to expect us to catch t_1]]

この文において，catch の目的語が John を指し示し，PRO は一般的な人を指し示すという事実は，以下に述べる二点から導き出される．まず，第一点目は，OP は PRO と同様，代名詞としての働きを成していると考えられるので，解釈規則により，John を指し示すことになるということである．そして，第二点目は，OP の痕跡は変項なので，束縛条件（C）の適用を受けるため，PRO はこの変項と同一の指標辞を持つことは許されず，したがって，PRO は John を指し示すことができないこと，そして結果的に，PRO は一般的な人を指し示すことになるということである．このことから，(172) は以下のような表示を持つこととなる．

(173)　John$_1$ is too clever [$_{CP}$ OP$_1$ [$_{TP}$ PRO$_{arb}$ to expect us to catch t_1]]

この表示において，変項 t_1 は John によって A 束縛されるが，(171) の規定により，OP の領域内で A 自由なので束縛条件（C）には違反しないことになる．このように，「変項は束縛条件（C）に従う」とするやり方では，(171) に述べられているように，「その操作詞の領域内で」というただし書きが必要であったが，(165) の素性付与のメカニズムを用いるやり方では，OP によって残された空範疇がなぜ John を指し示し，PRO とは同一人物を指し示すことができないのかを自動的に説明することができる．

【問題32】　(165) の素性付与のメカニズムを用いて，なぜ (172) において，PRO は John を指し示すことができないのかを説明せよ．

8.2. 帰結 II：寄生空所構文

最後に，この (165) のようなメカニズムによる空範疇の素性指定のやり方の最大の成果として，「**寄生空所構文**」(**parasitic gap construction**) と呼ばれるもののいくつかの統語的特性をきれいに導き出せることが挙げられる．寄生空所構文とは，以下の例に見られるように，

(174) Which articles did you file *ec* without reading *ec*?

(Chomsky (1982: 38))

一つの操作詞移動に対して，それに対応する空所が二つ以上存在するような構文で，このうちの一つはその操作詞の出所に位置する「痕跡」なのに対して，その他の空範疇はこの操作詞と痕跡のチェーンに対して「寄生」するような存在，すなわちそういったチェーンが存在しないかぎり，生起できないような存在であることから，この構文にこのような名が付いた．(174) において，二つの空所のうち，どちらが which articles の出所を表す痕跡であるのかを見極めるには，それぞれの空所の位置から wh 移動が可能であるかどうかを調べてみればよい．以下の文を考察しよう．

(175) a. Which articles did you file *t* without reading it?
     b. *Which articles did you leave without reading *t*?

(175a) に示された通り，file の補部の位置から wh 句を移動することは何ら問題ないが，それに対して，(175b) に示された通り，付加詞節である without 以下の句から wh 句を抜き出すことはできない．これは，LGB 以後 Huang (1982) によって取り扱われた事実で，なぜ付加詞節からの抜き出しが不可能なのかについての説明はここでは割愛する．これらの事実から，(174) において，file の補部に位置する *ec* が which articles の痕跡で，reading の補部に位置する *ec* が寄生空所であることがわかる．この後者の空所が which articles のチェーンに寄生的であるとする理由として，例えば，このチェーンが存在しないとこの空所も存在できないという事実を挙げることができる．

(176) *I filed these articles without reading *ec*.

さらに，寄生空所が寄生する相手は，A′チェーン，すなわち操作詞移動によって作られたチェーンに限られる．したがって，例えば，格移動によって作られたAチェーンは寄生空所を認可することはできない．

(177) *John was killed *ec* by a tree falling on *ec*.　　(Chomsky (1982: 42))

また，寄生空所を認可できるA′チェーンは，可視移動によって作られたものに限られ，不可視移動によるものは寄生空所を認可できない．

(178) a. *I forgot who filed every article$_1$ without reading *ec*$_1$.
　　　b. *I forgot who filed which article$_1$ without reading *ec*$_1$.
(Chomsky (1982: 44))

これらの文のLF表示においては，every article と which article が不可視移動することによってA′チェーンを形作るが，これらの文が非文法的であることから，不可視移動によって作られたA′チェーンは寄生空所を認可できないことがわかる．以上をまとめると，寄生空所構文には，以下の条件が働いていると言える．

(179)　寄生空所構文においては，寄生空所は可視移動によって作られたA′チェーンによって認可されなければならない．

次に，この構文における，A′チェーンの痕跡と寄生空所との構造関係を考察する．この構造関係の観点からすると，(174)のタイプの寄生空所構文とはいくぶん異なるものが存在する．

(180) a.　Who did you give a picture of *ec* to *ec*?　(Chomsky (1982: 36))
　　　b.　Here is the student who [my attempt to talk to *ec*] scared *ec* to death.　　　　　　　　　　　　　　　　　　　　　(ibid.: 44)

(180a)では，以下に示す通り，どちらの空所からもwh移動が可能なことから，どちらが痕跡でどちらが寄生空所かは特定できないケースである．

(181) a. Who did you give a picture of *t* to Mary?
　　　b. Who did you give a picture of John to *t*?

(180b) では，片方の空所は [my attempt to talk to *ec*] という主語内に存在することから，主語島制約により，この空所が寄生空所であり，scare の補部に位置する空所が who の痕跡ということになる．

このように，寄生空所構文には様々なタイプのものが存在するが，これらの構文の中の痕跡と寄生空所との間の構造関係を総合的に考察すると，これらの二つの空所が高さ関係においてお互いに優位な位置には存在していないことが見て取れると思う．Engdahl (1981) は，この点に着目し，寄生空所構文には以下のような条件が働いていることを主張した．

(182) 寄生空所構文においては，痕跡は寄生空所を c 統御してはならない．

この条件は，以下の文から裏付けることができる．

(183) a. *Which papers *t* were unavailable before you discovered *ec*?
　　　b. Which papers did John [decide to tell his secretary *t* were unavailable] before reading *ec*?

(Chomsky (1986b: 54))

(183a) の寄生空所構文においては，which papers の痕跡は文全体の主語であるが，この場合，この痕跡は before 節内の寄生空所を c 統御している．これに対して，(183b) では，before 節が decide を修飾することから，which papers の痕跡は，(183a) 同様 unavailable の主語にもかかわらず，before 節内の寄生空所を明らかに c 統御してはいない．したがって，(183a, b) の文法性の違いは，(182) の寄生空所に対する**反 c 統御要件**（**anti-c-command requirement**）によって正しく捉えることが可能である．もちろん，(183a) において実際に痕跡が寄生空所を c 統御しているかどうかは，before 節が構造上どの範疇に付加されているのかによる．ここでは，仮にbefore 節のような付加詞節が VP に付加しているものと仮定する．

【問題 33】 この仮定に基づいて，(174) と (183a, b) の S 構造を樹形図を用いて表し，それぞれの構造において，痕跡が寄生空所を c 統御するかどうかを調べよ．

付加詞節が VP に付加すると仮定することによって，(174) と (183a, b) の文法性の違いは，(182) の反 c 統御要件によって，正しく捉えることが可能である．このことは，逆に言えば，付加詞節は VP に付加するという仮説が寄生空所構文の反 c 統御要件によって証拠付けられることになる．

さて，これまで寄生空所構文には，(179) と (182) に述べた条件が働いていることを見たが，驚くべきことに，これらの条件は，(165) に基づいた空範疇の素性指定のメカニズムによって自動的に導き出すことができる．このことを示す前に，まず指摘しておかなければならないことは，本章 5 節で述べたような従来の空範疇の分類では，寄生空所構文がそもそもなぜ可能であるのかをうまく捉えることが困難であるという事実である．この分類に従えば，寄生空所はいったいどの範疇に分類できるであろうか．この従来のアプローチでは，痕跡は，定義上，移動によって元の位置に残された空範疇なので，寄生空所は，変項や DP 痕跡に分類することはできない．残る選択肢は，pro と PRO であるが，前者は英語には存在しないと仮定されるのが通例であり，後者であれば，寄生空所は語彙統率されない位置のみに生起するはずであるが，これは事実と異なる．

この問題は，空範疇はそれ自身固有の素性を持たず，その統語環境によって，(165) の素性指定メカニズムによって与えられるとする Chomsky (1982) のアプローチでは，非常に興味深い解決法を与えることができる．まず，このアプローチの精神に基づいて，チョムスキーは，ある空範疇の素性指定は，派生全体を通して同一である必要はなく，統語環境が変化すれば，それに応じて素性指定も変わりうると仮定する．これを念頭において，(174) の D 構造において，空範疇がどのように素性指定されるかを考察する．以下に，(174) の大ざっぱな D 構造を掲げる．

(184)　　DS: you Past file which articles$_1$ without reading ec_1

この構造において, ec_1 はまず, 局所的に A′ 束縛されていないので, (165ii) より, [+a] の値を付与される. また, 上述した寄生空所の反 c 統御要件から, この空範疇は which articles によって c 統御されないことから, 自由であり, (165iii) より, [+p] の値を付与される. 結果として, この空範疇は D 構造において PRO と認定される. おおかたの読者は, この空範疇が read によって語彙統率される位置に生起していることから, これは誤った帰結であると判断することであろう. しかし, そもそもなぜ PRO が語彙統率されてはならなかったかと言えば, それは, もし語彙統率されるとその統率範疇が存在することになり, 束縛条件 (A), (B) の両方の適用を受けることから, その統率範疇内で束縛され, かつ自由でなければならないという相矛盾する条件を満たす必要が出てくるからである. しかしながら, 注意してほしいのは, この相入れない束縛条件を満たす必要がある表示レベルは, 本章 4 節で述べた通り, S 構造である. したがって, D 構造で PRO が語彙統率される位置に生起すること自体は, 何ら束縛条件に抵触することにはならない. この空範疇が, S 構造においても, PRO と認定されるのであれば, 問題となるが, 素性指定メカニズムによるアプローチでは, そのようには認定されない. 以下に, (174) の S 構造を掲げる.

(185)　　SS: which articles$_1$ Past you file ec_1 without reading ec_1

この構造において, 二つの ec_1 は, (166) の定義により, どちらも which articles によって局所的に A′ 束縛される. というのは, 両空範疇の間に c 統御関係が成り立っていないからである. そうすると, (165i) により, 両空範疇は [−a, −p] の値を付与され, 変項と認定される. これは, これまで仮定してきたいかなる条件にも違反していないので, (185) の S 構造は適格な表示と見なされる. LF 表示も (185) と何ら変わるところはないので, 同様に適格と見なされる. かくして, (174) は適正に派生することができた.

　このような適正な派生を示されれば, なぜ寄生空所構文には (179) と (182) に述べた条件が働いているのかを理解できると思う.

【問題 34】 (176), (177), (178) のそれぞれの文の各表示レベルでの空範疇の素性指定を (165) のメカニズムに従って行うことにより, なぜ (179) の条件が成立するのかを説明せよ.

【問題 35】 (183a) の文の各表示レベルでの空範疇の素性指定を (165) のメカニズムに従って行うことにより, なぜ (182) の反 c 統御要件が成立するのかを説明せよ.

(179) の条件に関連して, 以下に示された通り, 寄生空所は空操作詞移動によっても認可可能である.

(186) This is the kind of food you must cook *ec* before you eat *ec*.
(Chomsky (1982: 38))

(187) This book is too interesting to put *ec* down without having finished *ec*. (Chomsky (1982: 45))

LGB で仮定された文法モデルのように, S 構造から LF を導き出すのに不可視移動が関わっているとすると, 空操作詞は, 音形を持たないことから, 可視移動するのか不可視移動するのかそれ自体では決定できない. しかしながら, 寄生空所が空操作詞移動によって認可されるという事実は, (179) の条件より, 空操作詞が可視移動しているという結論を導き出すことができる.

【問題 36】 空操作詞が可視移動していると仮定することによって, (186) と (187) の文が (165) の素性指定メカニズムに従って適正に派生されることを示せ.

寄生空所構文は, 日常英語で頻繁に現れるようなありふれた構文ではなく, 言語学者の内省によって発掘された新しいデータである. 当初はこの構文を容認不可能として拒絶する研究者もあったが, 今では完璧ではないまで

第 4 章 束縛理論 (Binding Theory) 213

もそこそこ容認できるものとして受け入れられている．重要なことは，この構文がデータとしてはかなり特殊な部類に属するにもかかわらず，(179) や (182) に述べられたような確固とした特性を示していること，さらに，この特性が Chomsky (1982) の空範疇の扱いによって，見事に説明できるということである．というのは，このような寄生空所構文の特殊性から，英語の話者が (179) や (182) に述べられたような特性を経験的に学び取ったとは到底考えられず，したがって，この特性を捉えるためのメカニズムにはかなりの程度 UG の特性が純粋に反映されていると考えられるからである．Chomsky (1982) の寄生空所構文へのアプローチは，驚くほどの成果を挙げたと言えるが，残念ながら，(165) に基づく空範疇の素性指定メカニズム自体が，他の言語学者によって，その欠陥が指摘され，チョムスキー自身もこのアプローチを断念せざるを得なくなる．そして，Chomsky (1986b) の Barriers で，寄生空所には空操作詞移動が関わっているとする新たな提案が成されることになる．

9. まとめ

・代名詞の意味解釈条件は，LGB において，以下の三つの束縛条件に集約された．

(92) (A) 照応詞はその統率範疇において A 束縛されなければならない．
(B) 代名詞はその統率範疇において A 自由でなければならない．
(C) R 表現は A 自由でなければならない．

束縛条件 (A) と (B) に出てくる「統率範疇」は，以下のように定義される．

(60) α にとっての統率範疇とは，α とその語彙統率者と α にとって利用可能な SUBJECT を含む最小の最大範疇である．

・この束縛条件の適用を受ける「照応詞」，「代名詞」，「R 表現」は [±a(naphor)] と [±p(ronominal)] という素性を用いて以下のように分類

される.

(82) a. [＋a], [－p]： 照応詞
　　 b. [－a], [＋p]： 代名詞
　　 c. [－a], [－p]： R 表現
　　 d. [＋a], [＋p]： ×

(82d) に示した [＋a] と [＋p] を持つ DP が存在しえないのは，束縛条件 (A) と (B) が相反することを要求しているからである．

・同様の分類が発音されない空範疇の DP にもあてはまる．

(83) a. [＋a], [－p]： DP 痕跡
　　 b. [－a], [＋p]： pro
　　 c. [－a], [－p]： 変項
　　 d. [＋a], [＋p]： PRO

この場合に，(83d) のケースとして PRO が存在しうるのは，「語彙統率されない位置に生起する」(PRO の定理) からである．というのは，このような位置に生起する場合は，その統率範疇が決定できず，束縛条件 (A) と (B) が適用されないからである．

・痕跡は以下に掲げる空範疇の原理 (Empty Category Principle, ECP) に従う．

(149) 痕跡は適正統率されなければならない．
(150) α が β を適正統率するとは，以下のいずれかの条件を満たす場合である．
　　 (i) α が AGR 以外のもので，β を語彙統率している場合
　　 (ii) α が β と同じ指標辞を持ち，α が β を統率する場合

・英語のような pro が生起できない言語では，他の三つの空範疇は相補分布を成す．PRO は語彙統率されない位置に生起するのに対して，DP 痕跡と変項は語彙統率される位置に生起する．さらに，二つの痕跡の中で

も，変項と DP 痕跡は格付与される位置に生起するのかそうでないかによって，相補分布を成す．

参 考 文 献

阿部潤（2008）『問題を通して学ぶ生成文法』ひつじ書房，東京．
Barss, Andrew (1986) *Chains and Anaphoric Dependence: On Reconstruction and Its Implications*, Doctoral dissertation, MIT.
Chomsky, Noam (1964) *Current Issues in Linguistic Theory*, Mouton, The Hague.
Chomsky, Noam (1965) *Aspects of the Theory of Syntax*, MIT Press, Cambridge, MA.
Chomsky, Noam (1968) *Language and Mind*, Harcourt Brace Jovanovich, New York.
Chomsky, Noam (1970a) "Remarks on Nominalization," *Readings in English Transformational Grammar*, ed. by Roderick A. Jacobs and Peter S. Rosenbaum, 184-221, Ginn, Waltham, MA.
Chomsky, Noam (1970b) "Deep Structure, Surface Structure, and Semantic Interpretation," *Studies in General and Oriental Linguistics Presented to Shiro Hattori on the Occasion of His Sixtieth Birthday*, ed. by Roman Jacobson and Shigeo Kawamoto, 183-216, TEC Co. Ltd, Tokyo. Reprinted in Chomsky (1972). ［Chomsky (1970b) のページ番号は，Chomsky (1972) のもの］
Chomsky, Noam (1972) *Studies on Semantics in Generative Grammar*, Mouton, The Hague.
Chomsky, Noam (1973) "Conditions on Transformations," *A Festschrift for Morris Halle*, ed. by Stephen R. Anderson and Paul Kiparsky, 232-286, Holt, Rinehart and Winston, New York. Reprinted in Chomsky (1977a)．［Chomsky (1973) のページ番号は，Chomsky (1977a) のもの］
Chomsky, Noam (1975) *Reflections on Language*, Pantheon, New York.
Chomsky, Noam (1976) "Conditions on Rules of Grammar," *Linguistic Analysis* 2, 303-351. Reprinted in Chomsky (1977a)．［Chomsky (1976) のページ番号は，Chomsky (1977a) のもの］
Chomsky, Noam (1977a) *Essays on Form and Interpretation*, North-Holland, New York.
Chomsky, Noam (1977b) "On Wh-Movement," *Formal Syntax*, ed. by Peter Culicover, Thomas Wasow and Adrian Akmajian, 71-132, Academic Press, New York.

Chomsky, Noam (1980) "On Binding," *Linguistic Inquiry* 11, 1-46.
Chomsky, Noam (1981) *Lectures on Government and Binding*, Foris, Dordrecht.
Chomsky, Noam (1982) *Some Concepts and Consequences of the Theory of Government and Binding*, MIT Press, Cambridge, MA.
Chomsky, Noam (1986a) *Knowledge of Language: Its Nature, Origin, and Use*, Praeger, New York.
Chomsky, Noam (1986b) *Barriers*, MIT Press, Cambridge, MA.
Chomsky, Noam (1988) *Language and Problems of Knowledge: The Managua Lectures*, MIT Press, Cambridge, MA.
Chomsky, Noam (2000) *New Horizons in the Study of Language and Mind*, Cambridge University Press, Cambridge.
Chomsky, Noam and Howard Lasnik (1977) "Filters and Control," *Linguistic Inquiry* 8, 425-504.
ドーキンス, リチャード(著), 日高敏隆・岸由二・羽田節子・垂水雄二(訳)(1991)『利己的な遺伝子』紀伊國屋書店, 東京.
Engdahl, Elisabet (1983) "Parasitic Gaps," *Linguistics and Philosophy* 6, 5-34.
Huang, James (1982) *Logical Relations in Chinese and the Theory of Grammar*, Doctoral dissertation, MIT.
Jackendoff, Ray (1990) "On Larson's Treatment of the Double Object Construction," *Linguistic Inquiry* 21, 427-456.
木村資生 (1988)『生物進化を考える』岩波新書, 東京.
Lasnik, Howard (1989) *Essays on Anaphora*, Kluwer, Dordrecht.
May, Robert (1977) *The Grammar of Quantification*, Doctoral dissertation, MIT.
Pesetsky, David (1982) "Complementizer-Trace Phenomena and the Nominative Island Condition," *The Linguistic Review* 1, 297-344.
Radford, Andrew (1981) *Transformational Syntax: A Student's Guide to Chomsky's Extended Standard Theory*, Cambridge University Press, Cambridge.
Rizzi, Luigi (1978) "Violations of the Wh-Island Constraint in Italian and the Subjacency Condition," *Journal of Italian Linguistics* 5, 157-195. Reprinted with minor revisions in Rizzi (1982)
Rizzi, Luigi (1982) *Issues in Italian Syntax*, Foris, Dordrecht.

索　引

1. 五十音順に並べ，英語で始まるものは日本語読みにした．
2. 数字はページ数を示す．

[あ行]

R 表現（R-expression）　135-136, 165, 170-171, 173, 193
i 内部の i 条件（i-within-i Condition）　153-154
easy 構文　96, 98, 118
一致（agreement）　141-142, 150, 154, 169
enough 構文　95-96, 98
意味選択（semantic selection）　34
入れ子文（nested sentence）　13
A の上の A 原理（A-over-A Principle）　69, 80-82, 85
S 構造（S-Structure）　161
S′ 削除（S′ deletion）　142-144, 202
m 統御　140, 142, 153-154, 196
音形式（Phonetic Form, PF）　161

[か行]

garden-path 文　12-13
外在的言語（E-language）　3-6
外置（Extraposition）　87-88, 97, 121-122
下位範疇化（subcategorization）　33-34
格（Case）
　　格移動　74, 115, 118, 122, 136-137, 145, 166-167, 173, 204, 208
格フィルター（Case Filter）　103-104, 106-108, 110-111, 117, 145, 183-185
格付与　104-110, 112, 128-131, 133-134, 137-147, 178-180, 182-183, 185-186, 195, 203
格理論（Case Theory）　102-104, 112-114, 116-118, 128, 178, 201
格隣接条件（Case Adjacency Condition）　107
可視条件（Visibility Condition）　184-186, 188
下接の条件（Subjacency Condition）　83-89, 91-96, 98-100, 115, 118, 121, 144, 166-168, 190-192, 198, 201
記述的妥当性（descriptive adequacy）　1, 19, 69
寄生空所構文（parasitic gap construction）　207-213
起点（Source）　36
境界性（boundedness）　69, 78
強交差（strong crossover）　169-170, 193, 205
局所性（locality）　98, 115-117, 125-129, 152, 166-168, 173, 177, 181
虚辞（expletive）　43
空範疇の機能に基づいた指定（functional determination of empty category）　203
空範疇の原理（Empty Category Prin-

ciple, ECP) 188, 194-203
繰り上げ規則 (Raising) 25-26, 40, 42
　主語繰り上げ規則 (Subject Raising) 21, 68, 73, 97, 101-102, 119, 147
　数量詞繰り上げ規則 (Quantifier Raising, QR) 162-164
繰り上げ述語 (raising predicate) 147
経験主 (Experiencer) 35, 37-38, 76
経験主義 (empiricism) 4-5, 12
言語機能 (the faculty of language) 5-8, 10-12
限定詞 (Determiner, Det) 46-47, 57
原理・パラメターモデル (principles and parameters model) 20-22, 67, 125, 168
項 (argument) 35
　外項 (external argument) 35-42, 47-48, 72, 95-98, 100-102, 104, 109-112, 114, 145
　内項 (internal argument) 35, 37-38, 40, 54, 59, 63, 89, 95-96, 98, 100-102, 104, 106-107, 110, 112-114, 140
構造保持制約 (Structure Preserving Constraint) 45, 50, 65
合理主義 (rationalism) 4
コンペタンス (competence) 11-13
コントロール理論 (Control Theory) 181

[さ行]

最大投射 (maximal projection) ／最大範疇 (maximal category) 44-45, 47-50, 52-53, 59, 100, 105, 140, 142-144, 149-150, 154-155, 157, 180, 196
削除規則 68-71, 89, 143
削除の復元可能性 (recoverability of deletion) 71

that- 痕跡効果 (*that*-trace effect) 190, 195, 197-198
SUBJECT 150, 153-157, 160, 180-181, 192
θ 役割 (θ-role) 35-37, 184-186, 203-205
刺激の貧困 (poverty of stimulus) 17
自己埋め込み文 (self-embedded sentence) 13
指示 (reference) 47
指示性 (referentiality) 99, 118-119, 166, 174
時制節条件 (Tensed S Condition, TSC) 98, 116-120, 122, 125, 127-128, 134-137, 148-153, 156, 160, 162, 169, 189, 192
指定主語条件 (Specified Subject Condition, SSC) 98, 116-122, 125, 127-128, 132-133, 135-137, 148-153, 156, 162, 169, 174-177, 189-192
指定部 (specifier) 21, 28
姉妹関係 (sisterhood) 105
島制約
　主語島制約 79, 81-82, 85, 209
　Wh 島制約 (*Wh*-Island Constraint) 82-83, 85, 189, 191
　複合名詞句島制約 (Complex NP Island Constraint) 78-80, 82, 85
　文主語島制約 (Sentential Subject Island Constraint) 78-79, 81
弱交差 (weak crossover) 170
自由である (free) 131
主格島条件 (Nominative Island Condition, NIC) 151-154, 156, 160, 174-177, 189-190
　主格島条件の残された問題 (the residue of the NIC) 189
主語-Aux 倒置規則 (Subject-Aux

Inversion, SAI) 3, 45, 62, 64, 68, 74-75, 162
主題 (Theme) 34-36, 46, 63, 72, 96, 113-114
述語 (predicate) 24, 28-29, 35, 37, 39-42, 47, 51, 59-62, 99, 112, 147, 184-185, 198
主要部 (head) 21, 27
  主要部から主要部への移動 (head-to-head movement) 45, 74
  主要部-補部パラメター 21, 31-32, 105
循環節点 (cyclic node) 83-85, 87, 115, 121, 144, 167, 191
順次循環移動 (successive-cyclic movement) 85, 120, 167, 192, 195, 198, 201, 203
照応詞 (anaphor) 131-133, 135-138, 147-150, 152, 154-155, 157-159, 165-166, 171, 174-175, 180-181
冗語的 it (pleonastic *it*) 42-43, 70, 100, 117, 155, 179
小節 (small clause, SC) 33, 58-63
心理的・精神的状態 (psychological/mental state) 7
接辞付加規則 (Affix Hopping) 39, 68, 71, 102
説明的妥当性 (explanatory adequacy) 1-2, 19
選択制限 (selectional restriction) 76-77
操作詞 74
  操作詞移動 74-75, 89, 115, 119-120, 122, 166-167, 204, 207-208
  空操作詞 (null operator) 89-95, 98-100, 118, 171-172, 183-185, 206, 212-213
挿入規則 69-71, 99-100

it 挿入規則 42, 68, 118
of 挿入規則 (*Of*-Insertion Rule) 48-49, 68, 111-112
there 挿入規則 43, 68, 179
相補分布 (complementary distribution) 158-159, 177-178, 188, 202-203
束縛する (bind) 131
  束縛条件 (Binding Condition) (A) 131-132, 134-135, 146-150, 153, 155-160, 162-167, 169, 173-174, 179-181, 187-188, 190-194, 211
  束縛条件 (Binding Condition) (B) 131-132, 134-135, 147-150, 153, 156-160, 162-165, 168, 179-181, 188, 211
  束縛条件 (Binding Condition) (C) 136, 160, 162-165, 170-173, 193, 205-206
  束縛範疇 (binding category) 157-158
  束縛理論 (Binding Theory) 126, 159-160, 166, 193, 201

[た行]

代入操作 (substitution) 88
多重 wh 疑問文 (multiple *wh*-question) 162
脱出口 (escape hatch) 84, 93, 167, 198
着点 (Goal) 36, 113-114
D 構造 (D-Structure) 161-163
DP 痕跡 115-122, 136-138, 146-148, 157, 165-166, 169, 173-174, 178-179, 182-183, 186-189, 193, 202-204, 210
動作主 (Agent) 34-36, 46-47, 72, 113-114
投射原理 (Projection Principle) 34, 41, 46, 49-50, 52, 54

拡大投射原理 (Extended Projection Principle, EPP)　41-43, 45, 48-50, 60-61, 73-74, 81, 96, 100, 102, 104, 108, 115, 117, 173, 179, 187
統率 (government)　138, 140
　統率者 (governor)　138
　統率範疇 (governing category)　146-150, 153-159, 171, 180-181, 187-188, 192, 195, 211
　語彙統率 (lexical government)　141, 145, 147, 178-182, 185-189, 194-195, 200, 202-203, 210-211
　語彙統率者 (lexical governor)　141, 146-147, 149, 154, 156-158, 180-181, 187, 192, 195, 201
　主要部統率 (head government)　145-146
　正規の統率 (canonical government)　145-146, 186
　先行詞統率 (antecedent government)　194-195, 199-200, 203
　適正統率 (proper government)　194-195, 200-202

[な行]

内在的言語 (I-language)　3-6
内省 (introspection)　6, 212
二重占有補文標識フィルター (Doubly-Filled Comp Filter)　90, 196
任意の PRO (arbitrary PRO)　172

[は行]

場所 (Location)　36
パフォーマンス (performance)　11-13
反 c 統御要件 (anti-c-command requirement)　209-212

範疇 (category)
　範疇選択 (categorial selection)　34
　機能範疇 (functional category)　49-50, 100, 142, 144, 195-196, 201
　語彙範疇 (lexical category)　49-50, 142, 146, 170, 186, 195, 201
比較構文　91-92
表層主語　40-41, 48
標準理論 (Standard Theory)　70
　拡大標準理論 (Extended Standard Theory)　71
付加詞 (adjunct)　51-56, 186, 207, 209-210
不可視 WH 移動規則 (covert wh-movement)　162, 200-201
付加操作 (adjunction)　51, 54-56, 88
不定関係節　94
不適切移動 (improper movement)　167, 173-174
普遍文法 (Universal Grammar, UG)　1, 18-22, 67-69, 151, 166, 213
不連続な無限性 (discrete infinity)　11
pro 落としパラメター (pro-drop parameter)　168
PRO の定理 (PRO Theorem)　179, 181, 188
分裂文 (cleft sentence)　93
変項 (variable)　119-120, 122, 165, 169-174, 182-194, 202-206, 210-211
補部 (complement)　21, 28
補文標識 (Complementizer, Comp)　43, 89-90, 196-197, 201-202

[ま行]

ミニマリスト・プログラム (Minimalist Program)　151
Move α　21, 68, 71-75, 77-78, 81, 86-

88, 102, 115, 125, 161-162, 199
名詞化変形規則（Nominalization Transformation） 24-27
モジュラー（modular）的アプローチ 12

[や行]

優位性の条件（Superiority Condition） 199
余剰性（redundancy） 150-152, 158, 160, 188

[ら行]

利用可能性（accessibility） 153-155, 160
例外的格付与（Exceptional Case Marking, ECM） 106, 137-139, 142, 144
論理形式（Logical Form, LF） 50, 160-161

著者紹介

阿 部 潤 （あべ　じゅん）

元東北学院大学文学部英文学科教授.
　1961 年　宮城県生まれ.
　1986 年　筑波大学大学院文芸・言語研究科より修士号を取得.
　1993 年　コネチカット大学言語学科より博士号取得.
東洋女子短期大学専任講師, 名古屋大学言語文化部助教授, 東北学院大学教授を経て, 現在は言語学に関する執筆・講演活動に専念.
　著書：*The In-Situ Approach to Sluicing* (Linguistik Aktuell—Linguistics Today 222, John Benjamins, 2015), *A Movement Theory of Anaphora* (Studies in Generative Grammar 120, Mouton De Gruyter, 2014), 『問題を通して学ぶ生成文法』(ひつじ書房, 2008), 『生成言語理論入門』(共著, ひつじ書房, 2000).
　主な論文："The EPP and Subject Extraction" (*Lingua* 159, 2015), "'Lasnik-Effects' and String-Vacuous ATB Movement" (with Norbert Hornstein, *Ways of Structure Building*, ed. by Myriam Uribe-Etxebarria and Vidal Valmala, Oxford University Press, 2012), "Scrambling and Operator Movement" (*Lingua* 122, 2012), "Real Parasitic Gaps in Japanese" (*Journal of East Asian Linguistics* 20, 2011), など.

開拓社叢書26

生成統語論入門
――普遍文法の解明に向けて――

ISBN978-4-7589-1821-3　C3380

著作者	阿　部　　潤
発行者	武　村　哲　司
印刷所	日之出印刷株式会社

2016 年 6 月 29 日　第 1 版第 1 刷発行 ©

発行所	株式会社　開　拓　社	〒113-0023　東京都文京区向丘 1-5-2 電話　(03) 5842-8900　(代表) 振替　00160-8-39587 http://www.kaitakusha.co.jp

JCOPY <(社)出版者著作権管理機構　委託出版物>
本書の無断複写は, 著作権法上での例外を除き禁じられています. 複写される場合は, そのつど事前に, (社)出版者著作権管理機構 (電話 03-3513-6969, FAX 03-3513-6979, e-mail: info@jcopy.or.jp) の許諾を得てください.